Johannes Sommer

# ST. MICHAEL ZU HILDESHEIM

Aufnahmen von Michael Jeiter

Karl Robert Langewiesche Nachfolger
Hans Köster Königstein im Taunus

*INSCHRIFT-STEIN VON 1010. Gefunden 1908 beim Wiederaufbau der Südteile des westlichen Querhauses. Offenbar Grundstein des 1010 errichteten westlichen Querhauses (jetzt auch hier eingemauert). Neben den Initialen des Bischofs, B(ernwardus) – + EP(iscopus), und der Jahreszahl MX (1010) sind die Namen der Heiligen Benjamin und Matheus A(postolus) genannt.*

*Seite 1: DAS MONOGRAMM DES BISCHOFS BERNWARD befindet sich auf dem hinteren Deckel des sogenannten Kleinen Evangeliars aus dem Besitz des Michaelisklosters. Heute im Hildesheimer Domschatz. H 22 cm, B 17 cm.*
*Der Deckel, aus Eichenholz, ist mit Kupferblech überzogen. Die Zeichnung ist in Email-brun-Technik ausgeführt. Sie könnte durchaus eine eigenhändige Arbeit Bernwards sein.*
*Das Monogramm ähnelt den kunstvollen Herrschermonogrammen dieser Zeit, mit denen Kaiser und Könige ihre Urkunden neben ihrem Siegel unterzeichneten. In der Herstellung war Bernward sicher geübt, da er wiederholt für Kaiser Otto III. Briefe schrieb und sie mit dem Kaisermonogramm versah. Das Bernward-Monogramm ist ein Titelmonogramm, da es neben dem Namen auch den Titel Bischof (EPS = EPISCOPUS) enthält.*

*Einband-Vorderseite: Oben: Die Kirche von Südosten. – Unten: Das unterste Hauptfeld des Deckenbildes „Der Sündenfall".*
*Einband-Rückseite: „Die siebenfache Ähre". Glasmalerei von Gerhard Hausmann in einem Fenster der südlichen Nebenapsis.*

LITERATUR-HINWEISE: F. J. Tschan, Saint Bernward of Hildesheim, 3 Bde., Indiana 1942, 1951, 1952. – H. Beseler + H. Roggenkamp, Die Michaeliskirche in Hildesheim, Berlin 1954. – R. Wesenberg, Bernwardinische Plastik, Berlin 1955. – Katalog der Ausstellung „Werdendes Abendland an Rhein und Ruhr", Essen 1956. – K. Algermissen, Bernward und Godehard von Hildesheim, Hildesheim 1960. – Katalog der Ausstellung „Kunst und Kultur im Weserraum 800–1600", Münster 1966. – J. Sommer, Das Deckenbild der Michaeliskirche zu Hildesheim, Hildesheim 1966. – St. Beissel, Der heilige Bernward von Hildesheim, Hildesheim 1895. – Die Kunstdenkmäler der Provinz Hannover, 2. Teil Regierungsbezirk Hildesheim, 4. Band Stadt Hildesheim, Kirchliche Bauten, Hannover 1911. – K. u. M. Uhlirz, Jahrbücher des Deutschen Reiches unter Otto II. und Otto III. 2. Band: Otto III. 983–1002, von M. Uhlirz, Berlin 1954.

BILDER-NACHWEIS: Die von Michael Jeiter, Aachen, für dieses Buch neu angefertigten Fotos wurden durch folgende Vorlagen ergänzt: Dr. Badenheuer, Aschau: S. 48, 67. – Nach: Beseler-Roggenkamp „Die Michaeliskirche in Hildesheim": S. 9, 15. – Dr. Harald Busch, Frankfurt/M.-Griesheim: S. 82. – Ev. Luth. Kirchengemeinde Sankt Michaelis, Hildesheim: S. 34 o (Foto Marburg), S. 34 u (Kurt Degener), S. 40 o lks (Boedecker), Einband-Vorderseite unten, S. 73, 76, 77, 80, 81, 84, 85. – Johannes Gassmann, Hildesheim: S. 1, 18, 88. – Gerhard Hausmann, Hamburg: Einband-Rückseite. – Nach „Die Kunstdenkmäler der Provinz Hannover" 2. Teil, 4. Band: S. 10. – Dr. Johannes Sommer, Darmstadt-Eberstadt: S. 74. – Hermann Wehmeyer, Hildesheim: S. 25. – Die Zeichnungen fertigte Dr. Johannes Sommer, Darmstadt-Eberstadt, an.

Schrift: Linotype Optima. – Reproduktionen: Elex, Alfred Weigle GMBH, Wiesbaden. – Papier: Scheufelen, Oberlenningen. – Satz und Druck: Rombach+Co GmbH, Freiburg im Breisgau. – Einband: Josef Spinner, Ottersweier, Baden.  Printed in Germany. – ISBN 3-7845-4660-9

Eines der grandiosesten mittelalterlichen Baudenkmäler des Abendlandes ist die Michaeliskirche zu Hildesheim. In dieser Gottesburg, die weit über Deutschland hinaus bekannt ist, verbinden sich geheimnisvolle, beziehungsreiche Grundlegungen und feinsinnige gestalterische Formungen zu einer liturgischen und künstlerischen Einheit von höchstem Range.

Über ein Jahrtausend hinweg leuchtet der Name des Mannes in unsere Zeit, der die Michaeliskirche als Zentrum eines von ihm gegründeten, heute nur noch mit spärlichen Resten vorhandenen Benediktinerklosters erdachte, ihr eine wundervolle Baugestalt erfand, sie mit edelsten Kunstschätzen schmückte und sie schließlich dem Schutze der Himmlischen Heerscharen unter Führung des Erzengels Michael anvertraute:

## BERNWARD

Sohn eines dem Kaiserhaus nahestehenden Grafen im damaligen sächsischen Ostfalen, Enkel eines kaiserlichen Pfalzgrafen, Geistlicher von hoher Bildung, Kenner abendländischer und morgenländischer Kultur, Freund und Hausgenosse der kaiserlichen Familie, Erzieher des jungen Kaisers Otto III., Reisebegleiter des Kaisers, Bischof in Hildesheim, seiner Heimat, die er tapfer – auch mit dem Schwerte – gegen aus Norden und Osten eindringende Völker verteidigte, Freund und Förderer der Arbeiter, Vater der Armen und Bedrängten, Erzieher der Jugend, nicht zuletzt auch kenntnisreicher Arzt.

Der Name Bernwards ist der Michaeliskirche, dem Bauwerk, dem er sein ganzes Herz und all seine Frömmigkeit gab, in einer Weise verbunden, wie kaum in einem anderen Falle der Name eines Kirchengründers mit seiner Stiftung verknüpft ist.

Bernward war nicht nur ein begeisterter Freund und Förderer der bildenden Künste, sondern er verstand auch einige selbst auszuüben. Davon kündete die Michaeliskirche zu seiner Zeit in einer heute kaum noch vorstellbaren Weise, und das Verbliebene läßt den ursprünglichen Reichtum noch ahnen. So ist bernwardinische Kunst von der Michaeliskirche her zu einem Begriff der Kulturgeschichte für die deutsche Kunst an der Wende vom 10. zum 11. Jahrhundert geworden.

### Bernwards Abkunft

Die schöpferischen Leistungen Bernwards auf den Gebieten der Architektur und der bildenden Künste sind nur dann richtig zu ermessen, wenn man die menschlichen, theologischen, liturgischen und künstlerischen Grundlegungen kennt, die sie bedingten. So ist es wichtig, die Persönlichkeit Bernwards auf dem Hintergrunde der Zeit zwischen 960 und 1020 zu sehen, und da ist zunächst nach seiner Abkunft zu fragen.

Die Überlieferung weiß zu berichten, daß Bernwards Vater zu den Adligen zählte, die dem sächsischen Herzogs- und Königshause verwandt waren. Seine Familie gehörte zu den sächsischen Adelsfamilien, die ihrem Herzog Heinrich im Jahre 919 das Geleit gaben, als ihm von dem letzten Karolinger die deutsche Königskrone angetragen wurde. In diesen Familien lebten die Nachfahren der Vertrauensmänner, die Karl der Große in kluger Berechnung nach der militärischen Unterwerfung Sachsens aus den Reihen der besiegten Fürsten ausgewählt hatte, um mit ihrer Hilfe schneller die Befriedung des missionierten Landes zu erreichen. Sächsische Grafen, viele davon nahe Verwandte Widukinds, heirateten damals fränkische Frauen, und umgekehrt wurde manche sächsische Adlige Gemahlin eines hochgestellten fränkischen Herrn.

Aus dem nach heftigem Widerstand unterworfenen Sachsenland gewann sich das fränkische Reich schon bald treue Gefolgsleute, und das Einströmen fränkischer Kultur und Zivilisation im Gefolge von Verwaltungsbeamten und Missionaren führte zu einer für beide Seiten fruchtbaren Annäherung. Das tragende Fundament dieser Entwicklung bildete das Christentum, das die Sachsen von ihrer Stammesart her ganz anders aufnahmen als die Franken. Der sächsische Adel wollte auch die von den Franken vermittelte westliche Bildung sozusagen an der Quelle erleben. So zogen junge Sachsen nach Corbie an der Somme, dem 662 gegründeten Benediktinerkloster, um an der dortigen Klosterschule zu studieren. Die Zahl der Lernbegierigen wuchs zusehends und damit auch die Zahl derer, die mit allerlei Kenntnissen in ihre sächsische Heimat zurückkehrten. Hier konnte man dann schon bald die wichtigsten weltlichen und kirchlichen Ämter mit gebildeten Männern und Frauen aus den eigenen Reihen besetzen. Nachdem zwei Vettern Karls des Großen, Adalhard und Wala, von denen letzterer eine sächsische Mutter hatte, von Corbie aus das Benediktinerkloster Corvey an der Weser gegründet hatten, wurde schon der Nachfolger des 826 verstorbenen Abtes Adalhard, der zuletzt beiden Klöstern vorgestanden hatte, in Corvey ein Sachse: Warin, ein Sohn des Grafen Ekbert, den Karl der Große zu seinem Stellvertreter in Sachsen ernannt hatte, und der Fränkin Ida. Wenig später ging die Leitung des von einer Schwester Adalhards gegründeten Damenstiftes Herford ebenfalls an die Familie Ekberts: um 850 wurde eine Schwester Warins Äbtissin dieses Stiftes, das danach viele Frauen aus bedeutenden sächsischen Familien als Schülerinnen sah. Schließlich mag daran erinnert werden, daß Judith, die Gemahlin Kaiser Ludwigs des Frommen, eine sächsische Mutter hatte.

Unter den sächsischen Adelsfamilien, die im Laufe des 9. Jahrhunderts im fränkischen Reiche Bedeutung gewannen, genoß das Herzogshaus der Liudolfinger, dessen Kernland das Gebiet zwischen Leine und Harz war, höchstes Ansehen. Die Familie der Liudolfinger war durch Heirat mit vielen anderen Adelsfamilien des sächsischen Stammlandes eng verwandt. Sie stellte 919 mit ihrem Herzog Heinrich den ersten König aus Sachsen – nur wenig mehr als 100 Jahre nach dem Tode Karls des Großen!

*BÜSTE DES BISCHOFS BERNWARD. In hohem Relief aus einer Sandsteinplatte herausgearbeitet. Höhe 82 cm, Breite 66 cm. Wahrscheinlich Ende des 12. Jahrhunderts entstanden. Früher außen am Westchor eingemauert – zusammen mit der Inschrifttafel VENITE CONCIVES –, heute im Südarm des östlichen Querhauses auf einem Säulenfragment aufgestellt.*
*Das Bildnis mit dem großen Kopf strahlt trotz oder gerade wegen seiner starken Verwitterung die hoheitsvolle Würde aus, die man dem heiliggesprochenen Geistlichen und Grafen – comes et clericus – beimaß. Mit der Linken ein Kreuz umfassend, hebt er die Rechte segnend dem Betrachter, einst dem Besucher seiner Kirche und seiner Grabstätte, entgegen.*

Es ist als sicher anzusehen, daß sowohl die Familie Bernwards als auch die seiner Mutter mit dem liudolfingischen Herzogshause verwandt war. Dies zu wissen, ist wichtig, wenn man Bernwards Entwicklung in der Jugendzeit, seinen Ruf an den kaiserlichen Hof und seine Berufung auf den Bischofsstuhl in Hildesheim verfolgt. Aber seine Abkunft allein war für diese Entwicklung nicht bestimmend, das beweist die Geschichte des Mainzer Erzbischofs und Erzkanzlers Willigis, der als Sohn eines einfachen, aber freien sächsischen Landmannes zu höchsten Ämtern kam, weil er nach weisem Beschluß Ottos des Großen als ein aus einfacher Familie kommender, begabter Gespiele seines eigenen Sohnes erzogen worden war und die Möglichkeit gehabt hatte, eine umfassende Bildung zu gewinnen.
Auch bei Bernward war letztlich entscheidend, daß er ein hohes Maß an Bildung und Weltkenntnis mit priesterlicher Würde und Güte, Unbestechlichkeit und Treue gegenüber seinem kaiserlichen Herrn, Charakterfestigkeit, vorbildlicher christlicher Lebenshaltung und erstaunlichem Mut zur Verteidigung seiner Heimat verband – alles Eigenschaften, die sich nur selten an einem Manne von imponierender Erscheinung zu überzeugender Größe verbanden. Am Ende blieb Bernward bei aller Demut „comes et clericus", Graf und Geistlicher, aber eben auch Graf.

## Bernwards Jugend

Im Jahre 1960 gedachten Katholiken und Protestanten in Hildesheim bei Festgottesdiensten der 1000. Wiederkehr des für das Jahr 960 überlieferten Geburtstages von Bischof Bernward. Das genaue Geburtsdatum ist nicht bekannt. Der Hildesheimer Domscholaster und Domdechant Thangmar, Bernwards Lehrer und väterlicher Freund, der sich rühmte, daß ihm nichts bei seinem Schüler verborgen geblieben sei, nennt in der von ihm verfaßten Lebensbeschreibung des Bischofs sein Geburtsjahr nicht, er nennt auch nicht die Namen seiner Eltern, wohl aber den Namen des Vaters seiner Mutter: Athelbero, Pfalzgraf zu Grona (bei Göttingen).
Der Hildesheimer Prälat Algermissen hat (1960) nach langjährigem Studium mit guten Gründen dargelegt, daß der ostfälische Graf Eckhard II. von Asleburg (eine Burg wenige Kilometer östlich von Hildesheim) Bernwards Vater gewesen sei. In der Lebensbeschreibung Thangmars wird der Fuldaer Abt Erkanbald, dem Bernward 996 eine kostbare Krümme zu seinem Abtsstab schenkte und den er später – nach dem Tode Willigis – zum Bischof von Mainz weihte, als Blutsverwandter Bernwards bezeichnet. Erkanbald war ein Graf von Ölsburg. Wenn man annimmt, daß Bernward ein Graf von Asleburg war, dann wären die beiden von der väterlichen Seite her Vettern gewesen. Dies erscheint einleuchtend. Dann wäre Frederunde von Ölsburg, Stifterin und erste Äbtissin des Klosters Stederburg († 1020), eine Cousine Bernwards gewesen. So würde sich auch Bernwards besondere Fürsorge für das Stederburger Kloster erklären.
Der Tatsache, daß nach der Erhebung der Gebeine Bernwards im Jahre 1194 alljährlich im Michaeliskloster das Totengedächtnis für drei Geschwister des heiliggesprochenen Klostergründers gefeiert wurde, verdanken wir die Kenntnis der Namen seines Bruders und seiner beiden Schwestern. Bruder Tammo († 1037) war Graf des Gaues Ostfalen, zu dem Hildesheim gehörte, und Vogt der Hildesheimer Kirche, Gefolgsmann Ottos III. und seit 1001 Truchseß des Kaisers in Italien. Seine Schwester Thiatburg heiratete den Burggrafen Friedrich von Magdeburg, und seine Schwester Judith († 1000) wurde Äbtissin des Kanonissenstiftes Ringelheim, dem Bernward den berühmten Kruzifixus aus seiner Werkstatt verehrte.
Es ist denkbar, daß Bernwards Vater schon früh starb;

vielleicht fiel er als Gefolgsmann Ottos des Großen bei einer Schlacht. Es liegt z. B. nahe, daß er zu den Opfern der Schlacht auf dem Lechfeld (955) gehörte, bei der auch Ottos Schwiegersohn, Herzog Konrad der Rote von Worms, fiel. Dann wäre für Bernward das Geburtsjahr 955 oder 956 anzunehmen, wofür manches spricht.

Bernward verbrachte seine Jugend anscheinend größtenteils bei seinem Großvater Athelbero. Hier lernte er gewiß die Kaiser Otto I. († 973) und Otto II. († 983), dem er fast gleichaltrig war, kennen, daneben viele hohe weltliche und geistliche Würdenträger, die als Besucher auf der von seinem Großvater verwalteten Kaiserpfalz weilten. Von diesen Erlebnissen wird der Jüngling sehr beeindruckt gewesen sein, war dies doch seine Welt. Seine ganze Liebe galt dem Großvater, der es für wichtig erachtete, daß sein Enkel eine gute Erziehung erhielt. Die Domschule in Hildesheim genoß als Bildungsstätte für begabte junge Männer hohes Ansehen. Bischof Meinwerk von Paderborn war wie viele später bedeutende Männer Schüler der Hildesheimer Domschule, und dem nachmaligen Kaiser Heinrich II. wurde hier eine ausgezeichnete Erziehung zuteil.

Bernwards Onkel Folkmar, Bruder seiner Mutter, war es vor allem, der sich dafür einsetzte, daß er in die Hildesheimer Domschule aufgenommen wurde. Folkmar hat auch nach seiner Berufung zum Bischof von Utrecht den begabten Neffen sehr gefördert, er wollte ihn sogar zu seinem Nachfolger in Utrecht bestimmen lassen. Ihm ist es neben Willigis, den später eine Art von Haßliebe mit dem von ihm geweihten jungen Geistlichen aus seiner Heimat verband, zu danken, daß Bernward an den Hof Ottos II. gerufen wurde. Aber auch der Großvater Athelbero, der den Kaiser häufig auf seinen Reisen begleitete (er starb 982 auf einer Reise nach Italien), wird dabei mitgewirkt haben. Schließlich ist durchaus denkbar, daß Otto II. selbst den Wunsch hatte, den jungen, königstreuen Kleriker um sich zu haben, den er von Grona her kannte. Jedenfalls sehen wir Bernward von 980 ab im Gefolge der kaiserlichen Familie. In diesem Jahr gebar Kaiserin Theophanu, die byzantinische Prinzessin, die seit 972 mit Otto II. vermählt war, ihren ersten und einzigen Sohn, Otto, der dazu ausersehen war, Nachfolger seines Vaters zu werden. Die Kaiserin nahm den Säugling mit auf die Reisen, bei denen sie den Kaiser begleitete. Das war für die kaiserliche Familie sicherer, als Mutter und Sohn auf irgendeiner Pfalz allein zurückzulassen. Bernward war bei den Reisen nicht nur Begleiter der Familie, sondern auch Beschützer des Knaben.

Man muß sich die vielen und weiten Reisen des Kaisers in dieser Zeit vorstellen, um ermessen zu können, welche Fülle von Eindrücken der junge, empfängliche Bernward dabei in allen Teilen des Reiches erhielt. Sein kritischer Geist und sein gemessenes sächsisches Temperament halfen ihm dabei, die vielen und unterschiedlichen Eindrücke so zu verarbeiten, daß dabei sein Urteilsvermögen gegenüber Menschen und Dingen wuchs.

*GRABPLATTE AUS DEM 14. JAHRHUNDERT mit der idealisierten, jugendlichen Gestalt des heiligen Bischofs Bernward. Man erinnerte sich damals gewiß daran, daß er erst 33 Jahre alt war, als er zum Bischof gewählt wurde. Godehard war 62 Jahre alt, als er Bernward im Bischofsamt folgte.*

*Bernward trägt auf der linken Hand das Modell seiner Kirche, und mit der Rechten hält er den Bischofsstab. Auf seiner Brust liegt unter einem Bergkristall eine Reliquie.*

*Die Grabplatte mit der Gestalt des Bischofs wurde im 14. Jahrhundert auf die Platte gelegt, die seit Bernwards Zeit seine Grabkammer schloß. Man wollte damals wohl den Gläubigen ein Bild des Heiligen und eine Partikel von seinem Leibe zur Verehrung bieten.*

*Die Platte steht in der zugemauerten Tür, die vom Nordflügel der Krypta in das westliche Querhaus führte.*

Als Otto II. im Jahre 983, erst 28 Jahre alt, an einer Überdosis des Medikamentes Aloë, die ihm der Arzt verabreicht hatte, starb, war Otto III., gerade zum Mitkönig gewählt, noch unmündig. Bernward teilte nun die Sorge um das Königskind mit der Mutter. In den folgenden Jahren widmete er seine ganze Kraft der Erziehung Ottos, dessen von der Mutter ererbte Lebhaftigkeit seinen Dienst nicht einfach machte und wohl auch zu Verärgerungen führte, weil die Mutter immer wieder Wünschen und Launen des Sohnes nachgab. Trotzdem dürften zwischen Lehrer und Schüler Gefühle freundlicher Verbundenheit entstanden sein, für die sich der junge Otto auch später noch dankbar erwies.

Ein Ereignis von einschneidender Bedeutung für das Zusammenleben Bernwards und Ottos war der Tod der Kaiserin-Mutter im Jahre 991. Otto war gerade 11 Jahre alt. Theophanu starb, kaum 40 Jahre alt, auf einer Reise in Nymwegen. Nach ihrem Wunsch wurde sie in der Kirche des Kölner Benediktinerklosters St. Pantaleon bestattet, dem sie sehr verbunden war und mit dem sie mancherlei Erinnerung an ihre Heimat verband.

Es ist nicht zu übersehen, daß Otto nach dem Tode seiner Mutter mehr und mehr die strenge Art Bernwards abzulehnen begann und wohl auch bedauerte, daß der nüchterne Sachse der heiteren südländischen Lebensart nicht viel abzugewinnen vermochte. Hinzu kam möglicherweise, daß Bernward zwar das Lateinische gut beherrschte, das Griechische jedoch entweder gar nicht oder nur obenhin verstand. Otto III. wandte sich aber mehr und mehr der griechischen Geisteswelt zu, wie er auch als Ideal seiner künftigen Herrschaft die Verschmelzung abendländischer und morgenländischer Kultur erkannte. Da mag ihm Bernward kein rechter Helfer mehr auf diesem Wege gewesen sein, und so kann es nicht überraschen, daß Otto den Franzosen Gerbert von Aurillac in seine Nähe zog, um mit dessen Hilfe seine „sächsische Ungebildetheit" zu überwinden. Bernward mag diese Entwicklung wachen Herzens bemerkt und auf eine Gelegenheit gewartet haben, die ihm den Abschied erleichtern würde. Es war dann Otto selbst, der diese Gelegenheit erkannte, als Bischof Gerdag von Hildesheim im Dezember des Jahres 992 auf einer Italienreise in Como starb und ein Nachfolger für ihn zu berufen war. Otto ernannte seinen Lehrer zum Bischof von Hildesheim, und er tat gut daran, denn er konnte keinen treueren und eifrigeren Gefolgsmann für diesen wichtigen Platz im Reich gewinnen. Die Bischofsweihe vollzog Erzbischof Willigis am 15. 1. 993 im Hildesheimer Mariendom. Es dürfte gewiß sein, daß Otto an der Feier teilnahm. Wahrscheinlich erhielt Bernward an diesem Tage die kostbare Kreuzreliquie verehrt, die sein Denken und Handeln ganz erfüllte.

## Bischof von Hildesheim

Bernward wurde der 13. Bischof der Diözese Hildesheim. Er wird dieses nicht leichte Amt doch gern angenommen haben, weil er sich als Bischof in seiner Heimat wohler fühlte denn als Weltreisender in kaiserlichem Gefolge. Es kommt hinzu, daß sein Bruder Tammo Gaugraf von Ostfalen, zu dem die Bischofsstadt gehörte, und sogar Vogt der Hildesheimer Kirche war. Außerdem waren viele Leiter von Klöstern in seiner Diözese Verwandte seiner Familie, die ihm eine gute Zusammenarbeit leichter erscheinen ließen. So war z. B. seine Tante Rothgardis († 1006), eine Schwester seiner Mutter, Äbtissin von Hilwartshausen. Schließlich hatte Bernward im Gegensatz zu seinem kaiserlichen Herrn erkannt, daß es sehr darauf ankommen würde, die Grenzen des sächsischen Landes gegen Feinde von Norden und Osten zu schützen. Für diese Tätigkeit waren Mut und Entschlossenheit eines auch im Waffendienst geübten Herrn nötig: Eigenschaften, die bei Bernward von Jugend auf gut entwickelt worden waren.

Das Amt des Bischofs von Hildesheim versah Bernward von seiner Weihe am 15. 1. 993 ab bis zu seinem Tode am 20. 11. 1022. In diesen 30 Jahren sorgte er rastlos für die äußere Sicherheit des Bistums und für die Entwicklung des kirchlichen Lebens in Städten und Dörfern. Er förderte die Gründung von Kapellen, Kirchen und Klöstern, schlichtete Streitigkeiten unter den Herren, half den Bedrängten und Armen, gab Handwerkern in seinen Werkstätten Anregungen und Aufträge. Das vielfältige Wirken an jedem Tage ließ ihm kaum Ruhe. Dabei war er häufig von Krankheit und Schwäche geplagt. Wahrscheinlich litt er, wie viele Deutsche damals, an einer in Italien erworbenen Malaria, aber man glaubt auch, daß er ein Steinleiden hatte, das ihm schwer zu schaffen machte, zumal er von seiner Veranlagung her ohnehin oft zu Schwermut neigte. In seiner Diözese zog er viel umher, um überall nach dem Rechten zu sehen, aber das Sachsenland verließ er nur selten.

Ende des Jahres 1000 reiste er nach Rom, um zu dem Streit mit Willigis wegen des Stiftes in Gandersheim, bei dem die beiden sächsischen Dickschädel hart aneinander geraten waren, persönlich ein päpstliches und kaiserliches Urteil einzuholen. Im Jahr 1002 schickte er jedoch Thangmar nach Todi, um erneut wegen der Übergriffe des Erzbischofs Willigis allerhöchste Hilfe zu erbitten. Als Heinrich II. 1007 zum Feldzug gegen Graf Balduin von Flandern aufrief, folgte er seinem kaiserlichen Herrn. Diese „Dienstreise" nutzte er dazu, eine Pilgerfahrt nach Paris und Tours zu unternehmen, wo er die von Hervaeus erbaute Kirche für den heiligen Martin sehen wollte. Sonst war er gelegentlich bei Synoden und Versammlungen, die seine Anwesenheit erforderlich machten. An der Frankfurter Synode von 1007, bei der die Gründung des Bistums Bamberg beschlossen wurde, nahm er teil, und 1019 war er auf der Synode in Goslar. 1020 weihte er den nachmaligen Erzbischof Aribo in Mainz zum Priester.

In den beiden letzten Lebensjahren war Bernward wegen seiner immer schwächer werdenden Gesundheit an Hildesheim gebannt. Hier förderte er vor allem noch den Fortgang der Bauarbeiten an der Michaeliskirche.

NE QUID NIMIS
übersetzt:
*Nichts zuviel*, oder besser: *Alles mit Maßen*

Diesen Wahlspruch Bernwards überliefert die Thangmarsche Lebensbeschreibung des Bischofs. Bernward las den Spruch in einer Dichtung des römischen Komödiendichters Publius Terentius, der in der ersten Hälfte des 2. Jahrhunderts vor Christus gelebt hatte und seinerseits den Text von einem der sieben griechischen Weisen übernahm. Es dürfte auch interessant sein, daß der Spruch im Innern des Apollotempels von Delphi angebracht war.
Die Werke des Terenz gehörten zum Bildungsgut der lateinkundigen Geistlichen zur Zeit Bernwards, obwohl ihr Inhalt alles andere als fromm ist. Sogar die Kanonisse und Dichterin Hroswitha des Stiftes Gandersheim († 1002) ließ sich von den lateinischen Dichtungen des Terenz anregen, allerdings zu sehr frommen Umdeutungen seiner heidnischen Bilder.
*Alles mit Maßen* – dieser Wahlspruch ist nicht nur bezeichnend für die Lebens- und Handlungsweise Bernwards, durch die er sich von vielen, auch hochgestellten Zeitgenossen unterschied, sondern er läßt zugleich daran denken, daß ihm Maße, bestimmte, geheimnisvoll geordnete Maße für die Verwirklichung harmonischer Gestaltung außerordentlich wichtig waren.

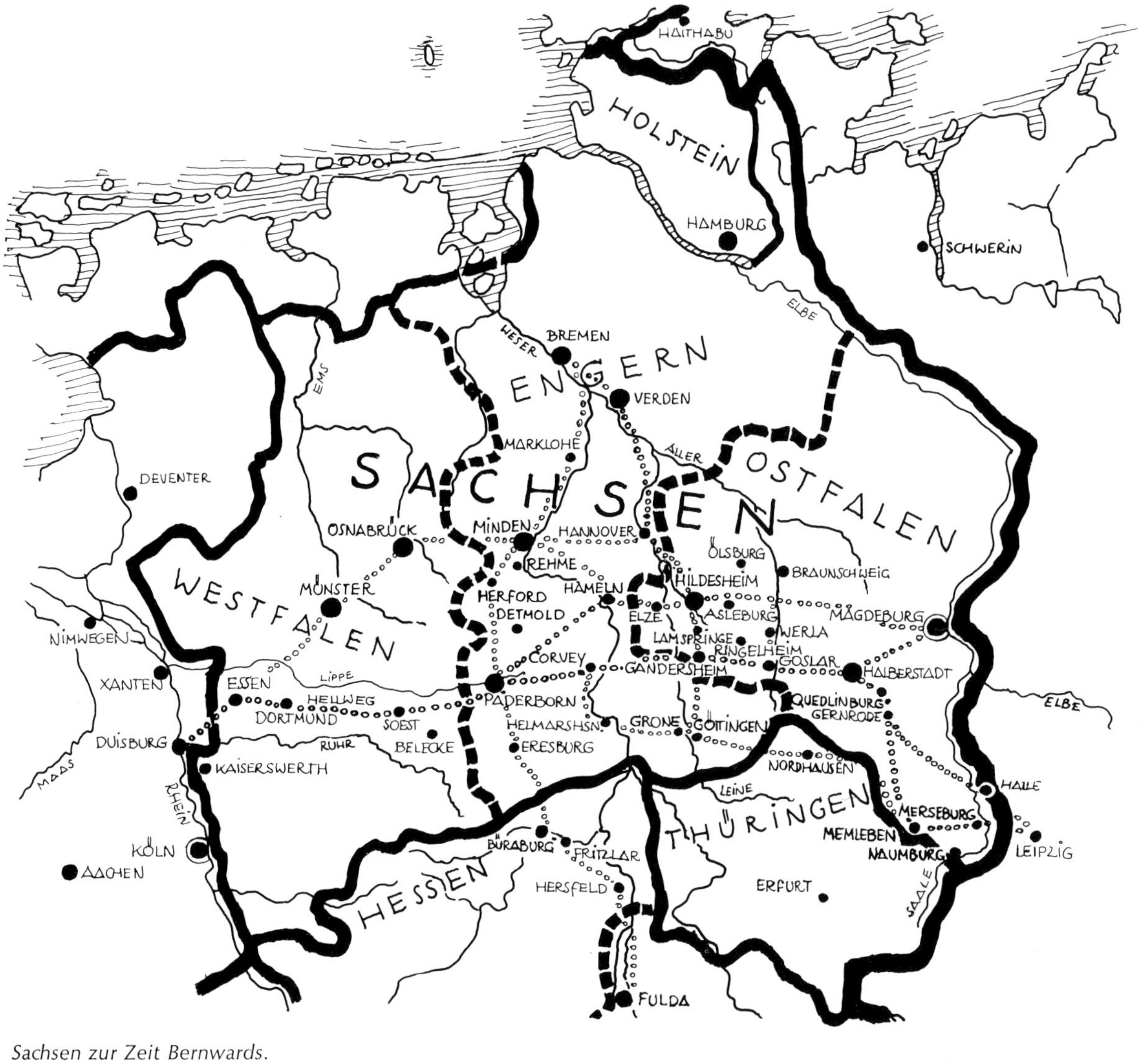


*Sachsen zur Zeit Bernwards.*

## ZEITTAFEL

9 n. Chr. Hermann, Cheruskerfürst im Hildesheimer Land, besiegt die Römer in der Varus-Schlacht. Das 1868 in Hildesheim bei Ausschachtungsarbeiten gefundene römische Tafelsilber dürfte ein Teil der Beute dieser Schlacht sein.

5. Jh. Von Norden her dringen die Sachsen in das Gebiet der Cherusker ein. Verschmelzung der beiden Stämme. Das Leinetal gehörte zu Ostsachsen/Ostfalen.

738 Päpstlicher Aufruf zur Missionierung Sachsens z. Z. des fränkischen Hausmeiers Karl Martell († 741). **Bonifatius** († 754) gründet die Klöster

724 Fritzlar und

741 Büraburg

741/42 Gründung des Bistums Würzburg.

744 Gründung von Fulda.
Von hier aus Missionierung im Weserraum bis Hameln und bis in die Nähe von Hildesheim.

um 750 Bischof Chrodegang von Metz gründet das Benediktinerkloster Gorze in Lothringen, von dem später eine Reformbewegung ausging, die auch bis Hildesheim wirkte.

**751 König Pippin (751–768),** Vater Karls des Großen, fördert die Missionierung Sachsens mit militärischer Unterstützung. Das fränkische Heer dringt bis Rehme an der Weser vor.

753 Der Wanderprediger Lebuin wirkt in Sachsen und tritt bei der Stammesversammlung in Marklo auf.

770 Unter der Führung Widukinds widersetzen sich die Sachsen der Missionierung.

**772 Karl der Große (768–814)** unternimmt eine Strafexpedition. Zerstörung des heidnischen Irminsulheiligtums auf der Eresburg (Grenzfestung bei Brilon). Friedensverhandlungen.

**775** Übergriffe der Sachsen auf Büraburg und Fritzlar.
**Karl beschließt den Sachsenkrieg.**

776/77 Sachsen geloben Christen zu werden.

777 Maifeier der Franken und Sachsen in Paderborn.
Widukind kämpft weiter.

782 Reichstag in Paderborn.

**785 Eroberung Sachsens abgeschlossen,** Unterwerfung und Taufe Widukinds.
Der König verbringt das Osterfest mit Frau und Kindern auf der Eresburg.

799 Papst Leo III. in Paderborn.

800 Kaiserkrönung Karls in Rom (25. 12. 800).

802 Lex Saxonum.

**803/04 Endgültige Befriedung Sachsens.**

**814–840 Ludwig der Fromme.** Sächsische Adlige (z. B. der ehemalige Sachsenführer Hessi) treten als Mönche in Klöster ein, andere werden an Domschulen (z. B. Würzburg) zu Geistlichen ausgebildet.

**815 Kirchenordnung Ludwigs des Frommen, Gründung des Bistums Hildesheim, des Benediktinerklosters Corvey,** und, bald danach, des **Damenstiftes Herford.**

**840–918 Regierungszeit der Karolinger.** Ludwig der Deutsche, Karl III., Arnulf von Kärnten, Ludwig das Kind, Konrad I.

843 Teilung des Reiches (Vertrag von Verdun), getrennte Entwicklung der drei Teilreiche. Das christlich gewordene Sachsen wird zu einem wesentlichen Teil des ostfränkischen Reiches, und das sächsische Herzogshaus der Liudolfinger, das im Raume Gandersheim ansässig ist, gewinnt hohes Ansehen.

852 Gründet Liudolf, dux orientalium Saxonum, das Damenstift Gandersheim neben der alten fuldischen Cella Brunshausen. Hathumod, Tochter Liudolfs und seiner Frau Oda, wird nach Ausbildung im Stift Herford erste Äbtissin dieses Stiftes.

866 Tod Liudolfs. Sohn Otto, verheiratet mit Hadwig, wird sein Nachfolger.

912 Tod Ottos. Sohn Heinrich (geb. 876) wird sein Nachfolger als Herzog von Sachsen.

**919 Sachsenherzog Heinrich wird als Heinrich I. deutscher König.**
Heinrichs zweite Frau war Mathilde, Tochter des Grafen Thiederich von Engern, eines Nachfahren Widukinds. Mathilde wurde im Stift Herford erzogen. Der sächsische Adel, voran das Königshaus, wetteiferte in der Gründung von Stiften und Klöstern.

925 Heinrich I. gewinnt Lotharingien für das Reich zurück.

933 Ungarnschlacht an der Unstrut bannt zunächst die Magyarengefahr.

934 Heinrich besiegt die Dänen in der Schlacht bei Haithabu.

**936 Heinrich I. stirbt auf der Pfalz in Memleben und wird in der von ihm gegründeten Quedlinburger Stiftskirche begraben.**

**936–973 Otto der Große,** geb. 912, folgt seinem Vater Heinrich I.
In erster Ehe verheiratet mit Editha von England, in zweiter Ehe mit Adelheid von Burgund. Otto stützt die Königsherrschaft auf die Reichskirche. Kirchenfürsten gewinnen Bedeutung für die Reichspolitik. Ottos Bruder Brun (geb. 925) wird Erzbischof von Köln.

955 Ungarnschlacht auf dem Lechfeld. Befriedung Ungarns. Später schickt Otto christliche Missionare nach Ungarn.

**955 Geburt Ottos II.**

**955/60 Geburt Bernwards.**

**962 Kaiserkrönung Ottos I.**

968 Gründung des Erzbistums Magdeburg. Der hl. Mauritius wird Patron des ottonischen Reiches. Der Mönch Widukind schreibt im Kloster Corvey eine Geschichte des sächsischen Reiches (Res gestae Saxonicae), in der Heinrich I. und Otto I. als Nachfolger der Karolinger verherrlicht werden. Widukind erklärt den Dynastiewechsel von 919 mit der Formel Sallusts „Fortuna atque mores": Heinrich, der Sachsenherzog, sei eben besser gewesen als Konrad I.

**971 Anerkennung der Kaiserwürde Ottos durch Byzanz.**

972 Otto der Große verheiratet seinen Sohn Otto II. (961 Mitkönig, 967 Mitkaiser) mit der griechischen Prinzessin Theophanu.

971 Der Sachse Willigis wird Kanzler des Reiches.

**973 Otto der Große stirbt auf der Pfalz in Memleben und wird neben seiner ersten Frau Editha in dem von ihm erbauten Magdeburger Dom begraben.**

**973–983 Otto II.**

973 Gründung des Bistums Prag.

975 Willigis wird Erzbischof von Mainz und Erzkanzler des Reiches. Theophanus Tochter Sophia wird im Stift Gandersheim erzogen (nach 1001 hier Äbtissin).
Die Kaiserin förderte neben anderen besonders die Klöster Nymwegen, St. Pantaleon in Köln und das Stift Gandersheim. In letzterem führt sie die griechische Pfingstliturgie ein, die danach jahrhundertelang gehalten wird.

**980 Geburt Ottos III.**
Bernward kommt nach Empfang der Priesterweihe durch Willigis an den kaiserlichen Hof und übernimmt die Erziehung Ottos III.

983 Wahl Ottos III. zum Mitkönig.

**983 Otto II. stirbt, 28 Jahre alt,** nach Verabreichung einer Überdosis Aloë, die wie Gift wirkt, in Rom und wird bei St. Peter begraben.
Theophanu übernimmt die Regentschaft für den unmündigen König.

**991 Tod der Kaiserin Theophanu.** Sie wird in St. Pantaleon zu Köln begraben.

993 Bernward verläßt Otto III. Seine Nachfolge übernimmt Gerbert von Aurillac, später Papst Silvester II.

**993 Weihe Bernwards zum Bischof von Hildesheim (15. 1. 993)**

995 Otto III. wird mündig.

**996 Kaiserkrönung Ottos III.**
Rom soll Hauptstadt eines erneuerten christlichen Römerreiches werden, das von Kaiser und Papst gemeinsam regiert wird. Otto erkennt nicht die Probleme und Gefahren, die an den Ostgrenzen Germaniens entstanden sind und die Männern wie Bernward keine Ruhe lassen.

1000/01 Bernward wegen des Streites mit Willigis um Gandersheim bei Otto III. in Rom.

**1002 Otto III. stirbt in Italien.** Sein Leichnam wird auf abenteuerlicher Reise durch Italien und Süddeutschland nach Aachen gebracht und neben Karl dem Großen bestattet.

**1002/25 Heinrich II.,** geb. 973 (sein Großvater Herzog Heinrich von Bayern, gest. 955, war ein Bruder Ottos des Großen).
999 Heirat mit Kunigunde.

1002 Königskrönung in Paderborn.
Heinrich II. wendet im Gegensatz zu seinem Vorgänger seine Hauptsorge den deutschen Stammländern zu.

1007 Bernward mit Heinrich II. in Flandern, anschließend als Pilger allein in Paris und Tours.
Gründung des Bistums Bamberg auf der Synode in Frankfurt.

**1014 Kaiserkrönung in Rom.**

**1022 Teilweihe der Michaeliskirche (29. 9. 1022).**

**1022 Bernward stirbt und wird in St. Michaelis begraben (20. 11. 1022).**

**1024 Heinrich II. stirbt auf der Kaiserpfalz in Grona und wird in dem von ihm erbauten Bamberger Dom begraben.**

**1024 Beginn der Regierungszeit des Salierkaisers Konrad II.**

## HILDESHEIM ZUR ZEIT BERNWARDS

Zu den alten Handelsstraßen im nördlichen Germanien gehörte der Hellweg, auf dem sich schon in vorrömischer Zeit ein lebhafter Verkehr zwischen Rhein und Weser entwikkelte. Er begann in dem heutigen Ruhrort, an der Mündung der Ruhr in den Rhein, und er führte über Dortmund, Soest und Paderborn nach Corvey. Eine nördliche Fortsetzung des Weges, die bis an die Elbe ging, überquerte bei der heutigen Stadt Elze die Leine. An der Stelle, an der die Straße danach die Innerste, einen Zufluß zur Leine, kreuzte, war ein wichtiger Handelsplatz entstanden. Hier schnitt sie eine andere, nicht weniger wichtige Straße, die von Norden nach Süden führte. Nach dem Namen des Besitzers eines sächsischen Einzelhofes an dieser Stelle, Hiltwin, wurde der Markt Hiltwinesheim/Hildenesheim genannt.

Der Marktort lag in einer Flußschleife, an deren nördlicher Seite sumpfiges Gelände war. Ein zu mäßiger Höhe aus der Flußniederung aufsteigender Hügel, dem eine Quelle entsprang, bot einen gewissen Schutz vor feindlichen Angriffen. Auf ihm wohnten die Menschen, die von dem Markt an den vorüberführenden Straßen lebten, und hier dürfte ein dem Wodan geweihtes Heiligtum gewesen sein, das sowohl die Cherusker als auch später die Sachsen als Stammesheiligtum verehrten.

Als im letzten Drittel des 8. Jahrhunderts von Westen und Süden her christliche Missionare bis an diesen Ort vordrangen, errichteten sie am Platze der heidnischen Kultstätte eine kleine Missionskapelle, um damit deutlich zu machen, daß der von ihnen gepredigte Christengott den Platz Wodans eingenommen habe. Diese Kapelle diente anfangs nur zu Taufhandlungen. Dann wuchs in wenigen Jahren die Zahl der Getauften so stark, daß sich eine ansehnliche Christengemeinde bildete.

Karl der Große plante schon eine Kirchenordnung für das eroberte und bekehrte Sachsenland, aber erst Ludwig der Fromme, sein Sohn, führte sie ganz durch. Dabei berücksichtigte er die alte Einteilung des Landes in Gaue und gründete danach sieben Bistümer, die den Metropolitankirchen Mainz oder Köln unterstellt wurden. Einer dieser Bischofssitze, dem Leinegau zugeordnet, wurde an der Leine, im heutigen Elze, errichtet, aber schon nach kurzer Zeit, 815, an den günstiger erscheinenden Marktort Hildesheim verlegt. Hier wurde dann an der Stelle der Missionskapelle eine Bischofskirche aus Holz gebaut, die wiederum nur wenig später durch den ersten Dombau aus Stein ersetzt wurde. Bischof Altfrid, 4. Bischof von Hildesheim († 875), weihte den Mariendom, eine dreischiffige Basilika mit Westwerk, Querhaus und apsidialem Chor am 1. 11. 872. Damit war der Grundstein für die Entfaltung des kirchlichen Lebens in der jungen Diözese gelegt, und der alte Marktplatz gewann schnell an Bedeutung für das Bistum, zumal die Handelsstraße jetzt auch für den Verkehr nach Westen wichtig wurde.

Um den Dom herum standen auf der Kuppe des Hügels die Residenz des Bischofs und die Wohnungen der zum Bischofsamt gehörenden Kleriker. Hier wurde auch die Domschule errichtet, die fortan vielen jungen Sachsen eine umfassende Erziehung vermittelte.

Das sächsische Land hatte nach seiner endgültigen Befriedung im Jahre 804 keineswegs Ruhe gefunden. Slawen und Normannen drangen in den folgenden Jahrzehnten immer wieder von Osten und Norden in das Gebiet des Grenzbistums Hildesheim ein. Die geistlichen Herren mußten häufig zu den Waffen greifen, um heidnischen Übergriffen Einhalt zu gebieten. Bischof Marquard, der Nachfolger Altfrids, wurde bei einem Kampf mit den Slawen getötet. Bis weit in das 10. Jahrhundert hinein blieb die Bedrohung durch heidnische Nachbarn bestehen, und sie wurde nach 900, als das sächsische Herzogshaus schon die Würde des deutschen Königs trug, noch verstärkt durch wiederholte Einbrüche der Magyaren, die vom fernen Ungarn her in kühnen Zügen weit nach Westen vordrangen.

Der Bischofsort Hildesheim war viele Jahrzehnte hindurch diesen feindlichen Zugriffen ziemlich schutzlos ausgeliefert. Der natürliche Schutz, den die Lage der Siedlung in der Flußschleife bot, erwies sich auf die Dauer als zu schwach. Eine Befestigung gab es aber zunächst nicht. Erst Bernward beendete diesen Zustand der Unsicherheit, indem er den Bezirk um den Dom herum mit einer Mauer umgeben ließ, die auch mit Wehrtürmen versehen wurde. In den befestigten Bereich der Domburg konnten sich fortan die Bürger in Notzeiten zurückziehen. Damit waren der Sied-

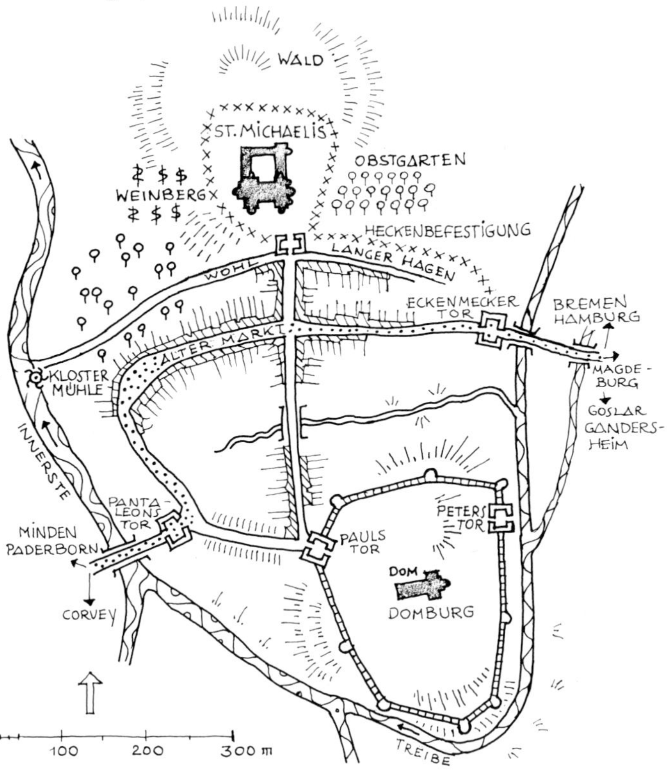


*Hildesheim zur Zeit Bernwards.*

lung neue Entwicklungsmöglichkeiten geboten. Schon um das Jahr 1000 wurde ihr das Marktrecht erteilt.
Bischof Bernward widmete seine besondere Fürsorge der Sicherheit und dem Wohlergehen der Bürger seiner Diözese. An besonders gefährdeten Plätzen baute er Schutzburgen. Die Kapellen und Pfarrkirchen, die er an vielen Orten errichtete und gebietsweise Archidiakonen zur Verwaltung übergab, sollten Mittelpunkte des kirchlichen Lebens werden, zugleich aber auch Zufluchtsstätten in unruhigen Zeiten sein. Bernward kümmerte sich sogar um gute und zweckmäßige Wohnungen für Bauern und Handwerker.
In Hildesheim bedurfte der damals schon altehrwürdige Dom laufender Pflege. Bernward betrieb diese mit großer Sorgfalt, aber er zierte auch das Innere der Kirche mit kostbaren Kunstwerken aller Art. Hierzu gründete er bei der Domschule Werkstätten, in denen vor allem das Schreiben und Malen von liturgischen Büchern geübt wurde.
Offenbar hielt Bernward aber die Förderung des geistlichen Lebens durch die Domschule, der er selbst seine Erziehung verdankte, nicht mehr für ausreichend. Dies mag eines der Motive dafür gewesen sein, daß er schon bald nach der Übernahme des Bischofsamtes die Gründung eines Benediktinerklosters in seinem Bistum beschloß.
Im Jahre 996 berief er sieben Mönche vom Kölner Benediktinerkloster St. Pantaleon nach Hildesheim und gab ihnen einen Platz außerhalb des Siedlungsbereiches, der ihm gehörte, zur Errichtung eines Klosters. Dieser Hügel im Norden des Ortes war eine unwirtliche Gegend, mit der sich von heidnischer Zeit her noch abergläubische Vorstellungen von hier behausten bösen Geistern verbanden. Das Kloster, das er mit Schutzhecken umgab, legte er der Domburg gegenüber wie eine Vorburg an.
Die Trutzburg des Klosters wurde vollständig, als die Kirche aufwuchs, die dem hl. Michael, dem Schutzheiligen der sächsischen Heere, geweiht wurde. Das in leuchtenden Farben erstrahlende, türmereiche Bauwerk mag den Bewohnern des Bischofssitzes und denen, die sich ihm mit guten oder bösen Absichten näherten, wirklich als eine starke Schutz- und Trutzburg erschienen sein, da sie einsam auf dem bewaldeten Hügel aufragte. Erst gegen Ende des 12. Jahrhunderts wurde das Kloster, in dem sich schon zu Bernwards Zeit ein reges Leben entwickelte, in die Stadtbefestigung einbezogen.

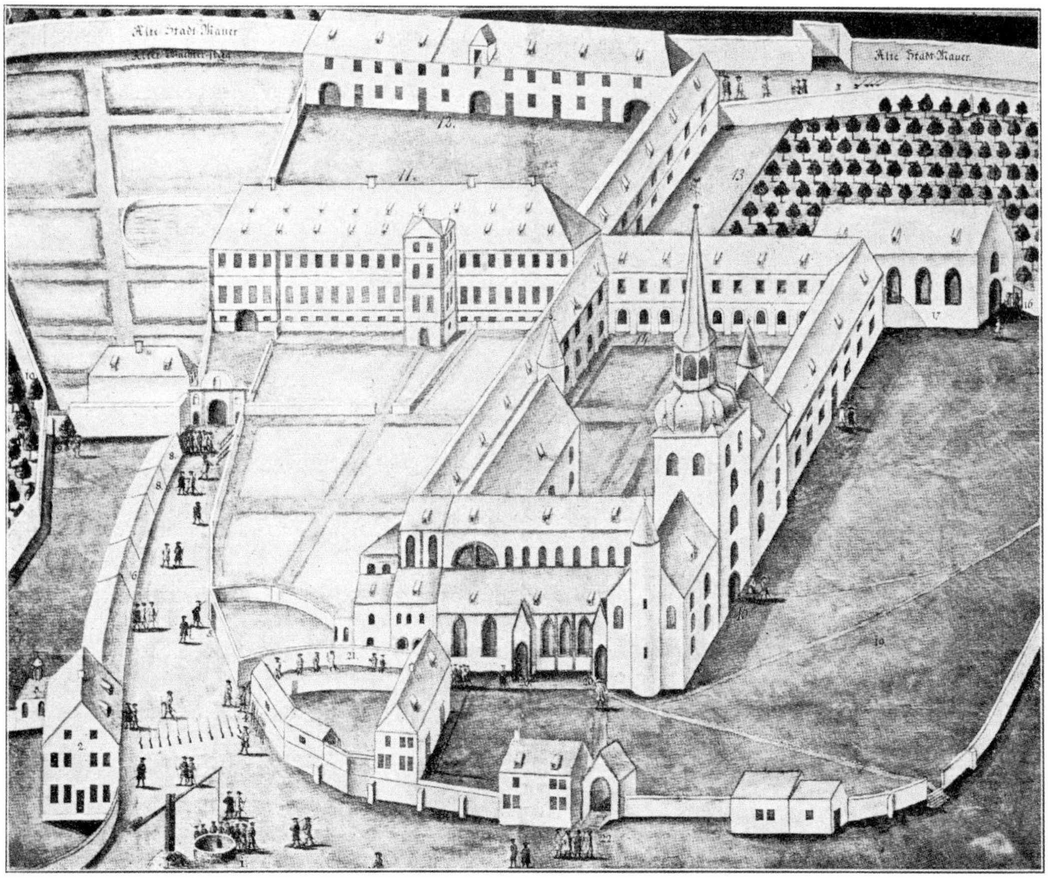

*Ansicht des Klosters. Schaubild von 1729. Nach „Die Kunstdenkmäler der Provinz Hannover, II/4", Hannover 1911.*

## GRÜNDUNG DES BENEDIKTINERKLOSTERS ST. MICHAEL

Nach der Gründung des Bistums Hildesheim im Jahre 815 kam es schon bald auch zur Gründung von geistlichen Gemeinschaften. Der sächsische Adel sah es als eine besondere Aufgabe an, in der Nähe seiner Herrschaftssitze Stifte, vor allem für Damen, zu gründen, deren Leitung Familienangehörigen übertragen wurde. So erhielt manche Tochter aus vornehmer Familie eine wichtige Aufgabe, aber auch eine standesgemäße Versorgung. Es war vor allem das Herzogshaus der Liudolfinger, das durch Stiftungen hervortrat. Schon zu Bischof Altfrids Zeit gründete Herzog Liudolf 852 das Damenstift Gandersheim, für das er selbst kostbare Reliquien auf einer Pilgerfahrt in Rom erwarb. Später waren es gerade auch die sächsischen Könige und Kaiser, die mit ihren Frauen Stifte für Kanoniker und Kanonissen gründeten, besonders an den Orten, an denen sie ihre Pfalzen errichteten. Im Bistum Hildesheim gab es gegen Ende des 10. Jahrhunderts eine ganze Reihe derartiger Stifte und Klöster, aber kein Benediktinerkloster.

Der Plan Bernwards, an dem Ort seines Bischofssitzes ein Benediktinerkloster zu gründen, entsprang wohl nicht nur seiner Vorstellung, daß dem geistlichen Leben im Bistum neue Impulse zu geben seien. Nicht minder wichtig dürfte dabei die Erkenntnis gewesen sein, daß die Gründung neuer Kirchen entsprechende Ausstattungen mit liturgischen Geräten und Büchern erforderte. Hierzu waren Schreibstuben und Werkstätten nötig, wie sie damals nur in den Klöstern der Benediktiner betrieben wurden.

In Köln hatte Bernward das von Erzbischof Bruno, dem Bruder Ottos des Großen, um 955 gegründete Pantaleonskloster der Benediktiner kennengelernt, das sich an dem lothringischen Kloster Gorze orientierte. Das sächsische Königshaus begünstigte dieses Reformkloster, weil es strenge Beachtung der monastischen Regel mit starker Betonung des Wirkens in dieser Welt verband, bischöfliche Aufsichtsrechte über die Klöster anerkannte und dem sächsischen Königshause treue Verbundenheit bewies, dafür aber Förderung des kirchlichen Lebens erwartete. Man geht nicht fehl, wenn man bei Bernward unterstellt, daß er die Gorzer Reformbewegung und deshalb auch das Pantaleonskloster in Köln hoch schätzte.

Vielleicht hatte er, als er 991 bei dem Begräbnis der Kaiserin Theophanu in St. Pantaleon Gast des Klosters war, schon den Mann kennengelernt, den er fünf Jahre später nach Hildesheim rief: Goderamnus, den Propst des Klosters. Wie der erste Abt von St. Pantaleon, Christian, könnte er aus dem Kloster St. Maximin in Trier gekommen sein, oder gar direkt aus Gorze. Jedenfalls war Goderamnus ein Mönch von hoher Bildung, und er war wohl gleichaltrig mit Bernward. Dieser muß von dem Benediktiner so beeindruckt gewesen sein, daß er sich seiner erinnerte, als er die Gründung eines Benediktinerklosters in Hildesheim erwog. Umgekehrt wird Goderamnus auch von dem vornehmen Geistlichen aus Sachsen eine so hohe Meinung gewonnen haben, daß er unverzüglich dem Ruf des nun Bischof Gewordenen in ein für ihn sicher fremdes Land folgte, dabei allerdings wohl die Bedeutung der ihm übertragenen Aufgabe richtig einschätzend.

Im Jahre 996 traf Goderamnus mit sechs Mönchen in Hildesheim ein. Vermutlich war mit dem Bau von Unterkünften und einer Kapelle, in der die Mönche zunächst ihre Gottesdienste halten sollten, schon begonnen worden. Am 10. September dieses Jahres weihte Bernward bereits diese Kapelle der Verehrung des Kreuzes Christi, von dem er ein Partikelchen bei seiner Bischofsweihe geschenkt bekommen hatte. Die Kreuzkapelle stand in der Nordostecke des Klosters. Später, nach der Vollendung der Klosterkirche, wurde sie in eine Pfarrkirche umgewandelt und dem hl. Lambertus geweiht.

Der Bau des Klosters dürfte zügig vorangegangen und schon bald abgeschlossen worden sein. Es war nicht zuletzt wichtig, daß Handwerker, die an der Kirche arbeiten sollten, hier Unterkunft und Versorgung erhalten konnten.

Die Gesamtanlage der Klostergebäude ist heute nur noch mit Hilfe alter Lagepläne vorstellbar. Bei der Zerstörung im Zweiten Weltkrieg blieb von den bis dahin bewahrten Resten des mittelalterlichen Bestandes lediglich der schöne Westflügel des Kreuzgangs erhalten. Anscheinend sind aber doch im Erdgeschoß des angrenzenden Westflügels selbst noch geringe Teile der bernwardinischen Räume vorhanden, und zwar neben dem früheren Kapitelsaal, der nach mehrfachem Umbau als „kleine Michaeliskirche" der Gemeinde und dem Predigerseminar als Andachtsraum dient.

Ursprünglich war der Klosterbezirk eine annähernd quadratische Anlage, die sich mit drei Flügeln an die freie Nordseite der Kirche anschloß. Der Nordflügel mit Refektorium und Kreuzkapelle dürfte der älteste Teil gewesen sein.

Es ist nicht bekannt, ob das Kloster von Anfang an einen Kreuzgang hatte, aber es ist anzunehmen, daß ein geschützter Umgang um den Klosterhof, der zugleich Friedhof war, schon zu Bernwards Zeit entstand. Jedenfalls wird gegen 1050 von der Wölbung eines Kreuzganges gesprochen. Zur Zeit des Abtes Godescalc (1240–1259) ist dann der Kreuzgang, von dem nur der Westflügel erhalten blieb, gebaut worden. Wahrscheinlich wurde er von Steinmetzen, die vorher am Chorumgang des Magdeburger Domes tätig waren, geschaffen. Trotz spitzbogiger Architekturteile ist das Ganze noch als spätromanisches Werk zu bezeichnen. Der Flügel ist in elf gewölbte Joche gegliedert, von denen das vierte von Süden durch bildhauerischen Schmuck mit der Darstellung des Jüngsten Gerichtes ausgezeichnet ist. Hier befindet sich in der Westwand das Portal des ehemaligen Kapitelsaales. Zum Klosterhof hin ist die Wand des Ganges mit Zwillings- und Drillingsarkaden geöffnet. Von der Kirche her betritt man den Kreuzgang durch ein Portal in der nördlichen Stirnwand des westlichen Querhauses.

In nachmittelalterlicher Zeit wurde ein weiterer, umfangreicher Gebäudekomplex an der Nordseite des alten Klostergevierts angefügt. Auch dieser fiel 1945 den Bomben, die St. Michaelis vernichtend trafen, zum Opfer.
Die neuen Gebäude, die heute den West- und Nordflügel des ehemaligen Klosters wiederholen – zum Teil auf alten Fundamenten – beherbergen ein Predigerseminar der evangelisch-lutherischen Landeskirche Hannovers und Wohnungen kirchlicher Mitarbeiter. Ein Ostflügel, der in etwa die geschlossene Anlage des Mittelalters hergestellt hätte, ist beim Wiederaufbau nicht wieder errichtet worden; er existierte allerdings schon seit 1826 nicht mehr. Damals wurde er mit den aus verschiedenen Zeiten stammenden Gebäudeteilen abgebrochen.
Bernward hatte das Kloster an die Nordseite der Kirche gelegt und nicht, wie sonst durchweg üblich, an die Südseite. Die der Stadt zugewandte Südseite der Kirche sollte demjenigen, der sich von der Domburg her St. Michaelis näherte, nicht von den Gebäuden des Klosters verdeckt erscheinen. Tatsächlich steht die Kirche in ihrer vollen Längsausdehnung von West nach Ost vor der Anlage des Klosters, sie bietet sich so dem Blick des Betrachters ganz frei dar.

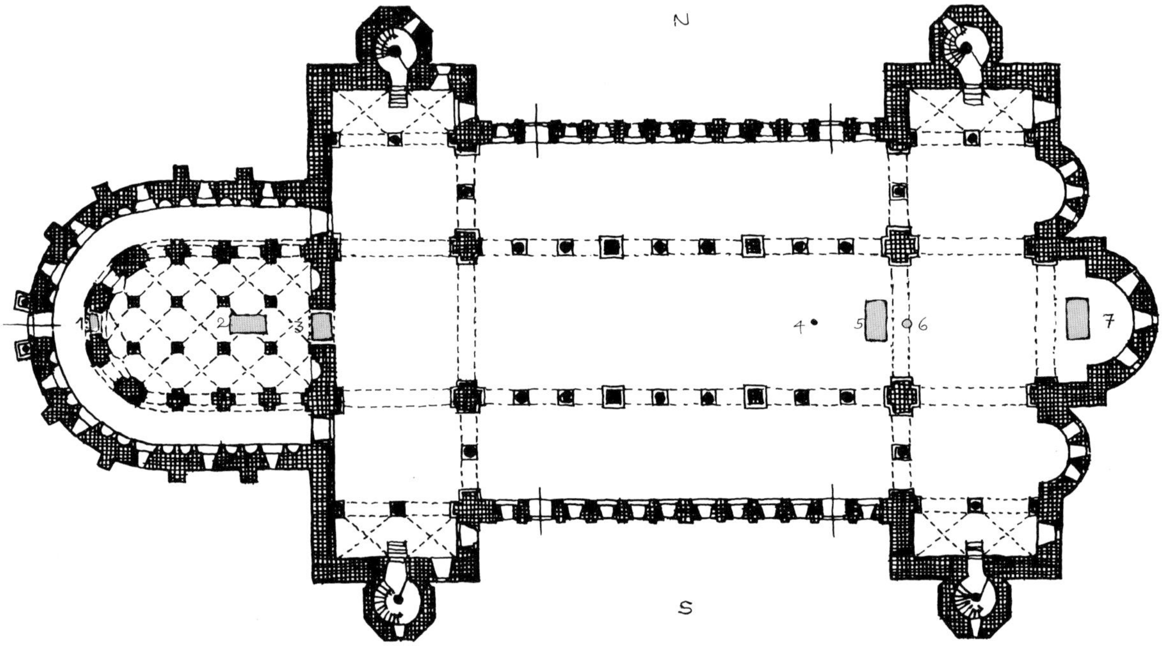


*GRUNDRISS DES BERNWARDSBAUES. 1022*

1 Michaelsaltar im Dachraum des Chorumganges. – 2 Bernward-Grab. – 3 Marienaltar. – 4 Irminsäule. – 5 Kreuzaltar. – 6 Christussäule. – 7 Johannesaltar.

## DIE KONZEPTION DER MICHAELISKIRCHE

Bernward hatte in den Jahren seines Wirkens am Kaiserhofe an vielen Orten des Abendlandes große und prunkvolle Kirchen gesehen. Er versäumte auch später nicht, neue Kirchenbauten aufzusuchen. Bei seiner Pilgerfahrt zum Grabe des hl. Martin in Tours im Jahre 1007 studierte er die neu entstehende Martinskirche, die Hervaeus 1003 begonnen hatte (Weihe 1011). Er bewunderte den Chorumgang und ließ sich davon zum Bau des ungewöhnlichen Umganges an der Krypta seiner Klosterkirche anregen.
Die Anlage der von Erzbischof Bruno erbauten und von der Kaiserin Theophanu erweiterten Kölner Klosterkirche St. Pantaleon kannte er gewiß in allen Einzelheiten. Er verfolgte auch die Entstehung des neuen Domes in Mainz, den Erzbischof Willigis, sein Landsmann, der ihn zum Priester und auch zum Bischof weihte, schon 975 begonnen hatte und 1009 vollendete; und er wußte sicher auch von dem Schicksal dieses großen Domes: er brannte am Tage der Weihe ab!
In Worms entstand um 1000 der Nachfolgebau des merowingischen Domes. Bischof Burchard I., ein bedeutender Rechtsgelehrter, ließ diese repräsentative Kirche (Gesamtlänge damals 103 m) mit flankierenden Treppentürmen an Ost- und Westchor und mit einem Turm über der Ostvierung errichten, im Inneren mit Malereien und Vergoldungen reich verzieren und mit kostbaren Marmorböden schmücken. Die Weihe des Domes fand 1018 im Beisein Kaiser Heinrichs II. statt. Als Bischof Burchard 1025 starb, wurde er in der Westapsis des Domes bestattet.
Bernward mag also viele der Großbauten, die zu seiner Zeit im ottonischen Reich entstanden, gesehen und bewundert haben, für seinen Plan der Michaeliskirche gaben

sie ihm doch keinen entscheidenden Anstoß. Nach seiner Berufung zum Bischof von Hildesheim wandte er seine Aufmerksamkeit noch mehr als bisher den Kirchen in seiner ostfälischen Heimat zu, die ihrem Wesen nach seiner Bauvorstellung mehr entsprachen.

Aber auch unter den romanischen Kirchen des alten Sachsenlandes ist keine, die St. Michael an repräsentativer Wirkung wie an ideologischem und architektonischem Reichtum gleichkäme. Am ehesten ähneln dem hoheitsvollen Bau noch die Kirchen, die mit dem Namen königlicher und kaiserlicher Stifter verbunden sind und von ihnen als Grablegen für sich und ihre Familien ausersehen wurden. Da wäre zu denken an die Stiftskirche in Quedlinburg mit den Gräbern Heinrichs I. und seiner Gemahlin Mathilde; an den Magdeburger Dom, in dem Otto der Große und seine erste Frau, Edith, begraben wurden; und an die Pfalzkirche

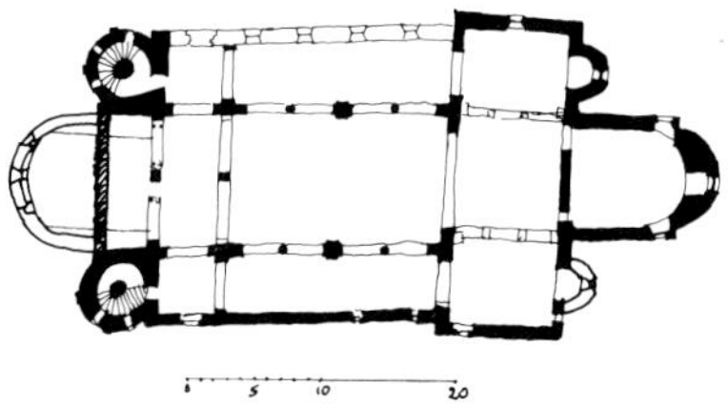

*Gernrode*

in Memleben, die Otto II. als Grablege für sich bauen ließ, nicht ahnend, daß er sein Grab bei der Peterskirche in Rom bekommen würde. Hier wäre aber auch die Stiftskirche, die Markgraf Gero 959 bei der Burg Gernrode gründete, zu

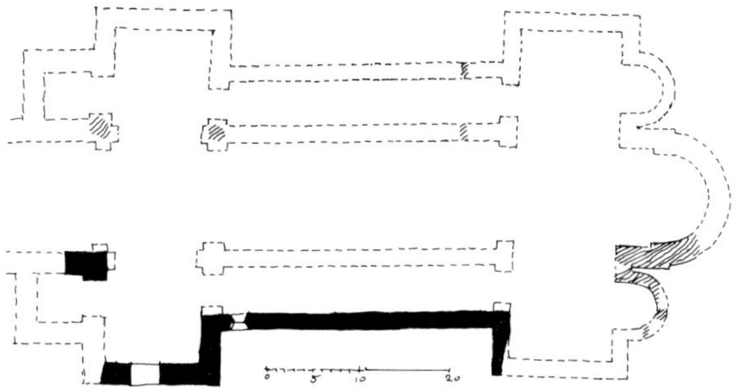

*Memleben*

nennen. Als der Markgraf 965 starb, wurde er vor dem Chor der Kirche bestattet.

Am stärksten scheint Bernward von der Kirche in Memleben, nahe Naumburg und Merseburg, beeindruckt worden zu sein, die Otto II. ab 979 bei der schon von Heinrich I. erbauten Pfalz errichtete. In dieser Pfalz starben Heinrich I. und Otto I., aber beide wurden an anderen Orten begraben, in der Quedlinburger Stiftskirche und im Magdeburger Dom. Die Pfalz- und spätere Abteikirche von Memleben war nächst dem Magdeburger Dom der größte Sakralbau des 10. Jahrhunderts im Osten des ottonischen Reiches. Leider sind von ihm nur noch spärliche Reste vorhanden. Diese und die Ergebnisse von Grabungen lassen erkennen, daß es sich um eine Basilika mit zwei Chören, drei Ostapsiden, zwei Querhäusern und zwei Krypten handelte. Bei einem Vergleich des rekonstruierten Grundrisses mit dem von St. Michaelis werden erstaunliche Ähnlichkeiten der Konzeption offenbar. Wenn man bedenkt, daß Bernward und Otto II. wahrscheinlich ziemlich gleichaltrig waren, vielleicht sogar zeitweilig zusammen aufwuchsen, und daß Bernward schon ab 980 am Hofe Ottos II. gelebt haben dürfte, könnte man sich vorstellen, daß er gelegentlich mit dem Kaiser in Memleben war, den Bau der Kirche verfolgte und vielleicht sogar irgendwie daran beteiligt war.

Mit der Michaeliskirche blieb Bernward zweifellos in dieser Tradition des Kirchenbaues seiner sächsischen Heimat, aber er setzte ihr einen Akzent, der sich nur aus einer ganz ungewöhnlichen Bauvorstellung und einer entsprechenden Raumkonzeption erklären läßt.

Bernward wollte sich nicht mit dem Bau einer Klosterkirche für die Benediktinermönche begnügen, sondern damit zugleich einen Sakralbau errichten, der von dem Ansehen seiner Familie zeugen und später sein Grab, das Grab des Bischofs und Grafen, aufnehmen sollte. Es ist ja auch bekannt, daß er die Kirche dem Andenken seiner Eltern, seines Bruders und seiner ganzen Familie widmete. Wie sich Könige, Kaiser und Bischöfe mit großartigen Kirchen verewigten, so wollte auch Bernward einen Kirchenbau schaffen, der als seine Stiftung gelten würde. Deshalb gab er seinen Besitz, den er ererbt hatte, für die Michaeliskirche dahin, damit es ihr nicht an Würde und Schönheit mangelte.

Entscheidend ist bei der Gestalt der Michaeliskirche, daß Bernward für die Planung eine ganz bestimmte Vorstellung von der Widmung des Bauwerks hatte. Diese Konzeption dürfte schon bei der Gründung des Klosters im Jahre 996 in den Grundzügen klar gewesen sein. Vermutlich reifte der Plan dann aber in gemeinsamer Arbeit mit Propst Goderamnus, dem Architekten, heran. Bernward brachte dafür neben seiner Begeisterungsfähigkeit für repräsentative Architektur und feierliche Formen der Liturgie reiche Kenntnisse von zeitgenössischer Baukunst und im besonderen auch die Bekanntschaft mit den Bauwerken, die seit 815 in Ostsachsen entstanden waren, ein, außerdem ein beachtliches Wissen auf den Gebieten Mathematik und Harmonielehre, während Goderamnus wohl vor allem ein mit der Technik des Bauens vertrauter Praktiker war, der Konstruktions- und Kompositionslehre beherrschte und sich mit Lehrbüchern wie dem damals allen Architekten geläufigen Handbuch des Vitruv, von dem er selbst eine Handschrift besaß (heute in London), gut auskannte. Es wäre ein vergebliches Mühen, etwa den Anteil des einen an der Arbeit von dem des anderen unterscheiden zu wollen, aber soviel dürfte doch gewiß

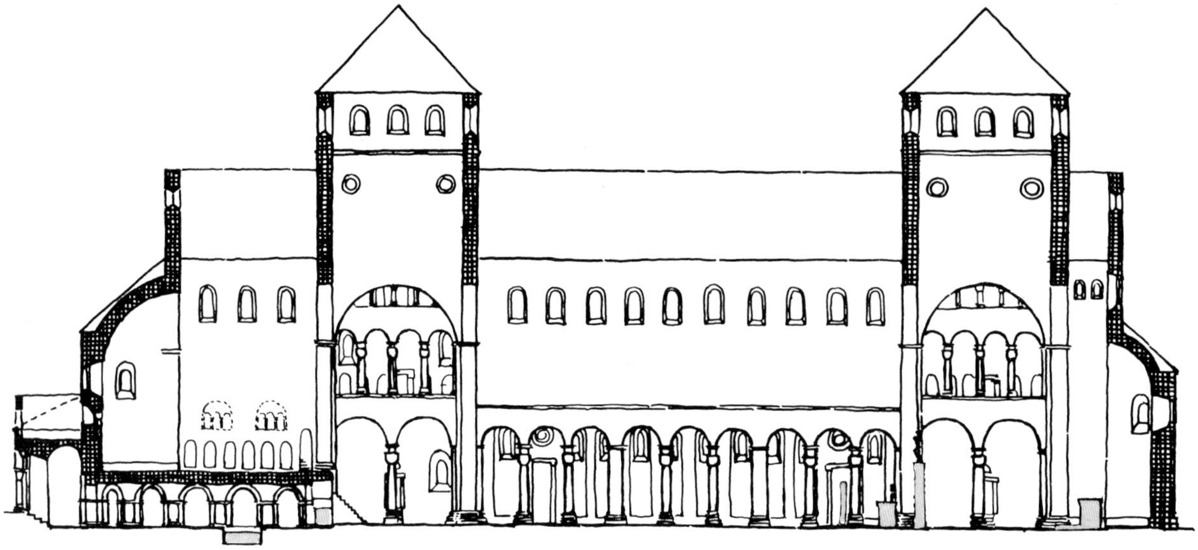

*Längsschnitt durch den Bernwardsbau. Um 1022.*

sein, daß die wesentlichen Bauideen von Bernward stammten. Die ganze Anlage zeugt nach Komposition und künstlerischer Aussage von einer Baugesinnung, die man keinem anderen als dem Bischof und Grafen Bernward zutrauen möchte.

Für die Ausarbeitung des Planes wird man einige Jahre ansetzen dürfen. Ein im westlichen Querhaus entdeckter Grundstein nennt das Jahr 1010; die Weihe der Krypta fand 1015 statt. Es ist daran zu erinnern, daß Bernward im Anschluß an den Feldzug in Flandern von 1007, bei dem er Kaiser Heinrich II. begleitete, nach Tours pilgerte und wahrscheinlich nach der Rückkehr den Plan für die Krypta genauer fixierte, wenn man unterstellen will, daß er die Anregung zu dem ungewöhnlichen Umgang in Tours erhielt. Nach allem erscheint es einleuchtend, den Baubeginn nach dem Jahre 1000 und als ersten Bauabschnitt die Fertigstellung der Krypta anzunehmen.

Die Stiftungsurkunde von 996 für die Kreuzkapelle, mit der Bernward die Stiftung des Klosters vom heiligen Michael bestätigte, besagt, daß die Kapelle

> „zu Ehren unseres Herrn Jesu Christi und der ewigen Jungfrau, des heiligen Michael und aller himmlischen Heerscharen und besonders des heiligen und lebendigmachenden Kreuzes, von dem ein bedeutendes Stück durch die Gnade Gottes ebenda verehrt wird"

errichtet wurde. Bei der Weihe der Klosterkirche am Michaelstage des Jahres 1022 – kurz vor dem Tode Bernwards – wurde diese Widmung in feierlicherer Formulierung wiederholt. Auch bei der Wiederweihe im Jahre 1186 nach umfangreichen Instandsetzungen wurde sie so genannt.

Immer geht es also beim Bau und bei der Ausschmükkung der Michaeliskirche im besonderen um die Verehrung des wirklich vorhandenen Teils vom Kreuze Christi und um den Schutz des Erzengels Michael und aller himmlischen Heerscharen für diese heilige Stätte. In der noch sehr dem heidnischen Denken verhafteten Vorstellung der Sachsen waren Reliquien wichtige, geradezu unentbehrliche Glaubenszeugnisse. Bernward fügte eine Unzahl von Reliquien in alle wichtigen Teile des Hauses, so auch in die Kapitelle der Mittelschiffssäulen, wo sie sogar ausdrücklich bezeichnet werden. Die Kreuzpartikel, die Kaiser Otto III. ihm geschenkt hatte, war für ihn ein unerhörter Schatz, dem höchste Verehrung in einem entsprechend gestalteten Bauwerk zuteil werden sollte. Bernward und seine Zeitgenossen glaubten an die lebenspendende Kraft der Kreuzpartikel, wie sie auch fest davon überzeugt waren, daß die Engel eine wirklich streitbare Heerschar darstellten.

So wurde von der Widmung der Kirche her in dem Plan des Baues die Stelle, die als Standort für das Reliquienkreuz vorgesehen wurde, überaus wichtig. Hier sollte der Kreuzaltar stehen. Sein Ort ist in der Mittelachse des Baues an der Grenze von Langhaus und Ostvierung. Dieser Platz wird nun auch noch aus einem anderen Grunde bedeutsam. In der Widmungsformel ist zwar nicht die Rede davon, daß Bernward sein Grab in der Kirche einrichten wollte, aber diese Absicht scheint er von Anfang an gehabt zu haben. Vielleicht wurde seine Vorstellung nur deutlicher durch den Besuch am Grabe des hl. Martin. Das Grab des Heiligen war im Ostchor, aber Bernward hätte in seiner Demut wohl niemals den Ostteil der Kirche als Grablege ausersehen. Von der Bedeutung des Kreuzaltars her bot sich dafür eine Stelle im Westen der Kirche an. So kam es zur Planung der Krypta, weil von hier eine Beziehung zum Kreuzaltar hergestellt werden konnte. Dabei folgte Bernward dem Vorbild der Grabeskirche in Jerusalem, indem er den dortigen Abstand zwi-

*Der Bernwardsbau von Südwesten. Um 1022.*

schen dem Grabe Christi und der Kreuzigungsstätte für den Abstand seiner geplanten Gruft vom Kreuzaltar übernahm.
Als die Araber 1009 die Grabeskirche in Jerusalem zerstörten, könnte Bernward zu den Geistlichen gehört haben, die das Gedächtnis an diese christliche Stätte lebendig zu halten versuchten. Die Westkrypta wäre also in der Erinnerung an die Grabeskirche mit Bedacht als Grablege geplant worden. Tatsächlich ist der Abstand zwischen Bernwards Grab und dem Kreuzaltar derselbe – 42 m – wie der überlieferte Abstand der liturgischen Orte in Jerusalem. Das Grab sollte auch so angeordnet sein, daß von ihm der Blick nach Osten zum Kreuzaltar ging, und zwar über den Marienaltar hinweg, den Bernward an der Ostwand der Krypta in einer zum Schiff hin offenen Nische aufstellte. Beziehungsreich genug auch diese Anordnung: der Weg zu Christus führt über die hochverehrte Gottesmutter. Schließlich liegt das Grab gewissermaßen im Mittelpunkt des Westwerks, dessen Schutz der Erzengel Michael übernahm. Sein Altar steht im Scheitel der Chorwand, hoch über dem Grabe in der Krypta, nur erreichbar durch den mannshohen Umgang in dieser Wand, zu dem eine Stiege vom Chor her hinaufführt.
Über der Krypta, die eigentlich eine Unterkirche ist, wurde dann der Chorraum für die Mönche geplant. Er war mit einem eigenen Altar zum Kreuzaltar an der Ostvierung orientiert.
Für die Ostapsis wurde ein Altar Johannes des Täufers vorgesehen. Auch hier ist eine Beziehung zum Kreuzaltar zu erkennen. An der Christussäule, die an der Ostseite dieses Altars aufgerichtet wurde, ist in besonderer Weise des Täufers gedacht, dessen Altar folgte.
Von der Tatsache, daß Bernward die Klosterkirche dem Schutze der himmlischen Heerscharen anvertraute, wird nun nicht nur die Planung des Westchores, sondern auch die Anordnung der beiden Querhäuser und ihr Verhältnis zum Langhaus bestimmt. Von hierher erklärt sich schließlich auch die Bedeutung der Türme, die nicht nur als Treppentürme wichtig sind, sondern auch durch ihre Gestalt den Burgcharakter der Kirche unterstreichen. Mit dem Bau von Engelsemporen, vier mal zwei, in den Querhäusern und dem Michaelschor im Umgang des Westchores wird die Neunzahl der Engelschöre zum Schutze des Gotteshauses aufgerufen.
Die beschriebene Sinngebung der Kirche, die vom Grundriß her bis in alle Teile des aufgehenden Mauerwerks zu verfolgen ist, läßt erkennen, daß Bernward den Bauplan nach bestimmten, nicht ohne weiteres spürbaren Prinzipien genau durchdachte und also keineswegs in „freier, genialer Erfindung" baute.

## DAS WERKMASS DER MICHAELISKIRCHE

Das Geheimnis der Harmonie mittelalterlicher Sakralbauten beruht auf Zahlensystemen, die nicht am Bau abzulesen sind, sondern sich erst dem rechnenden und forschenden Geist erschließen. Glückliche Zufälligkeit gibt es dabei nicht. Die als harmonisch empfundene Gestalteinheit erweist sich vielmehr als Ergebnis eines sehr nüchternen Komponierens nach Regeln, die auf beziehungsreichen Zahlen gründen. Das überzeugende Baukunstwerk, das heute hier und da vielleicht noch mehr oder weniger unbewußt gelingt, konnte früher durch Beachtung von Ordnungen, die über Generationen hinweg überliefert waren, mit wesentlich mehr Sicherheit gewonnen werden. Zum Gelingen eines Planes für ein Gebäude, dessen Zweck bestimmt war, gehörte zuerst und vor allem das Wissen um geheimnisvolle Bezüge ganz bestimmter, nicht willkürlich gewählter Zahlen. Pythagoras hatte die Zahl als das Wesen aller Dinge bezeichnet. Was Mathematiker und Philosophen der Antike an abstrakten Zahlensystemen als Gesetzmäßigkeiten für harmonikales Schaffen ergründet hatten, wurde von Baumeistern und Bildhauern ihrer Zeit an gefügten Körpern als erlebbare Realität verwirklicht. Plato, Aristoteles und Pythagoras hatten von ihrer Philosophie her wesentliche Grundlagen für das Bauen geboten, und die christlichen Baumeister konnten sich später auf dieses Wissensgut der Antike berufen, nachdem Kirchenväter wie Augustinus das heidnische Erbe in die christliche Denkwelt transponiert hatten.

Der Vermittler antiken Geistesgutes war für das Abendland bis ins hohe Mittelalter hinein der römische Staatsmann und Philosoph Boethius, der 525 im Kerker von Pavia auf Befehl des Ostgotenkönigs Theoderich hingerichtet wurde. Seine Bücher über Arithmetik, Geometrie und Musik wurden für die Baumeister des Mittelalters ebenso wichtig wie das um 25 vor Christus geschriebene Handbuch der Architektur des römischen Ingenieurs Vitruvius.

Boethius bezeichnete die Zahl als göttliches Geschenk. Ein sicheres Urteil über Harmonie war nach seiner Vorstellung nicht mit den Sinnen zu gewinnen, sondern nur durch Berechnung.

Begeisterte Anhänger der Harmonielehren des Boethius waren Gerbert von Aurillac und Bernward von Hildesheim. Gerbert, Erzbischof von Reims und später Ravenna, von 999 bis 1003 Papst (Silvester II.), war der bedeutendste Mathematiker seiner Zeit. Er stand den sächsischen Kaisern Otto II. und Otto III. nahe und war nach Bernwards Abgang vom Kaiserhof ein kluger und einflußreicher Berater Ottos III. Das Werk des Boethius schätzte er so sehr, daß er die Herstellung von Kopien seiner Bücher veranlaßte. Bernward besaß eine Abschrift des Arithmetik-Buches von Boethius (heute im Hildesheimer Domschatz), die er vielleicht sogar selbst hergestellt hatte, um sie als Lehrbuch bei der Erziehung Ottos III. benutzen zu können.

Von Gerbert stammt die für das Bauen wichtige Festlegung von Maßen, die von den Lehren des Boethius ausgeht. Während die Antike mit bei jedem Bau wechselnden Maßeinheiten (Moduln) gestaltete, legte sich das Mittelalter schon früh auf ein starres Maß fest, das vom menschlichen Körper, nämlich vom Fuß, abgeleitet wurde. Der fränkisch-karolingische Fuß – Königsfuß, pied du roi genannt – hatte genau 324,839 mm oder gekürzt 32,5 cm. Mit diesem Werkmaß wurden im hohen Mittelalter viele Bauten geplant, und Teilmaße wie größere waren nach Gerbert auf den Fuß bezogen, so etwa die Sexte (3/4 Fuß), die Elle (cubitus: 1,5 Fuß) oder die Pertica (Meßrute = 10 Fuß). Das Messen war verhältnismäßig einfach, weil es immer nach Fußmaß geschah und nicht nach Zentimetern wie bei uns.

Auch bei der Michaeliskirche ist das zugrundeliegende Werkmaß der fränkische Fuß mit 32,5 cm. Das ist wesentlich für die Feststellung der Maße am Bau. Ebenso wichtig sind aber auch die Verhältnisse der Zahlen an den einzelnen Bauteilen. Die Abmessungen von Längen, Breiten und Höhen sind keineswegs willkürlich oder nach Gefühl bestimmt, sondern nach Regeln harmonischer Komposition, wie sie von Boethius dargestellt worden sind. Dreiecke galten als Ursprung aller Flächenfiguren und Tetraeder (Vierflächner) als Grundlage körperlicher Figuren. Die dem Tetraeder zugeordneten Zahlen – numeri solidi – waren hohe Mathematik und Vermittler des Ebenmaßes. Die Summe der Triangularzahlen 1, 3, 6, 10, 15, 21, 28, 36 ergab die Zahlenreihe des Tetraeders 1, 4, 10, 20, 35, 56, 84, 120. Von diesen Zahlen sind fünf wichtig für die Proportionen am Bau von St. Michaelis: 10, 20, 35, 56 und 84. So mißt das Langhaus 84 Fuß und die Krypta bis zur Westvierung 56 Fuß, während die Vierungen zwischen Langhaus und West- bzw. Ostchor 35 Fuß haben. An diesem Beispiel mag schon deutlich werden, daß es bei der Festlegung der Maße um ein überzweckmäßiges Bemessen, um ein Hineinlegen auserwählter Maße in den Raum ging. Das Zahlenprinzip harmonischer Baukörper ist von Anfang mit dem Bauplan entworfen und danach vom Fundament her mit dem Mauerwerk aufgewachsen und zu einer untrennbaren Einheit mit dem Bau verschmolzen. Dieses Zahlenprinzip zu kennen ist zwar für den Betrachter der Michaeliskirche nicht entscheidend, aber die Vorstellung von der Harmonie und Schönheit des grandiosen Bauwerks wird deutlicher, wenn man davon weiß.

## DAS ENTWURFSSCHEMA DER MICHAELISKIRCHE

Von der Widmung der Kirche und dem für das Bauen festgelegten Maß- und Kompositionssystem her ergaben sich die Voraussetzungen für die Ausarbeitung des Entwurfs, nach dem die Verwirklichung des Baugedankens erfolgen sollte. Es ist nicht bekannt, wie ein derartiger Entwurf aussah. Der erhalten gebliebene Plan des Klosters St. Gallen läßt vermuten, daß man sich wenigstens für die wesentlichen Teile der zu errichtenden Kirche anhand einer Zeichnung informierte. Für den Bau der Michaeliskirche möchte man an einen Grundplan denken, der das angestrebte Baugefüge schematisch darstellte, aber auch an Zeichnungen, mit denen schon wichtige Einzelheiten festgelegt wurden.

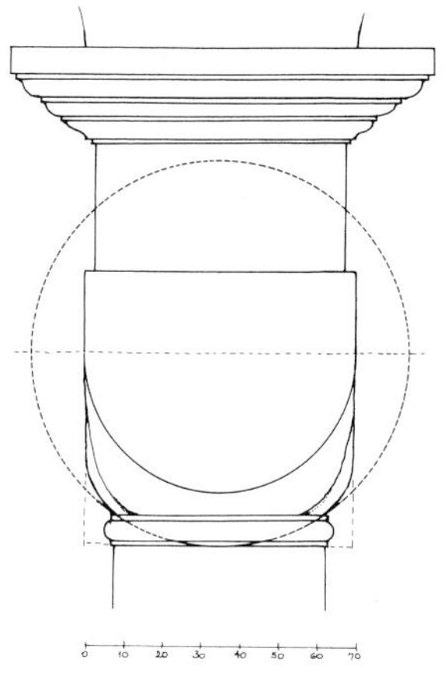

So wird sicher ein Blatt vorhanden gewesen sein, auf dem das von Bernward konstruierte Würfelkapitell mit Kämpfer und Kämpferblock in allen Details mit den entsprechenden Maßen genau dargestellt war.

Die unten wiedergegebene Zeichnung soll verdeutlichen, wie man sich vom Bau her rückblickend den Grundplan vorstellen könnte.

Eine waagerechte Linie, die West-Ost-Achse, ist gewissermaßen die Grundlinie, auf die alle Teile des Planes bezogen sind. Die Abstände der Waagerechten, Senkrechten und Diagonalen sind das Ergebnis genauer Berechnungen. Die Diagonalen, die an einem Punkt unter 30° die liturgische West-Ost-Achse schneiden, geben weitere Orientierungen für Längs- und Breitenmaße. Der Schnittpunkt der Diagonalen auf der Achse wird zum Mittelpunkt des Gebäudes. Von hier ist nach links und rechts das vom Zahlensystem gewonnene Halbmaß der Länge des Mittelschiffs aufgetragen (42 Fuß). Auf diese Weise ergibt sich die Begrenzung des Mittelschiffs (Gesamtlänge zwischen den Vierungen 84 Fuß). Dann folgen auf der Achse die aus dem Zahlensystem ermittelten Maße von 35 Fuß für die an beiden Seiten anschließenden Querhäuser und schließlich – links – die Länge des Westchores mit 56 Fuß und – rechts – die Länge des Ostchores mit 20 Fuß. Die Addition der Teillängen ergibt eine Gesamtlänge von 230 Fuß oder ca. 74,75 m.

Das Endergebnis des Rechnens und Komponierens ist ein Liniennetz, in dem der Verlauf der Umfassungswände des Baues im Grundriß deutlich wird. Nach den Zahlenregeln, die sehr geheimnisvoll erscheinen, lassen sich dann auch die verschiedenen Höhen ermitteln.

Für heutiges Empfinden ist das hier nur knapp angedeutete Rechnen und Bemessen eine reichlich abstrakte Sache, und es erhebt sich die Frage, was bei solcher Planung noch an Freiheit des Erfindens und Gestaltens geblieben sein mag. Bei objektiver Betrachtung stellt sich dann aber heraus, daß die Beachtung der aus der Antike überlieferten Regeln für harmonische Verhältnisse von Zahlen den mittelalterlichen Bauwerken eine außerordentlich harmonische Gestalt sicherte und der schöpferischen Phantasie doch unerhörte Freiheit ließ. Die ganz konsequent nach der Harmonielehre des Boethius konstruierte Michaeliskirche offenbart jedenfalls ein Höchstmaß an Harmonie.

Bei der Verwirklichung des Bauplanes am ausgewählten Bauplatz war die wichtigste Aufgabe des geistlichen Bauherrn und des Architekten die Festlegung der West-Ost-Achse. Sie geschah in einer sternklaren Nacht, wenn der Nordstern zu sehen war. Hatte man erst mit Pfählen, auf die Lichte gesteckt wurden, die Nord-Süd-Richtung ermittelt, dann war die Bestimmung der liturgischen West-Ost-Achse leicht. Die Verpflockung der wichtigsten Punkte des Planes erfolgte sicher mit einem besonderen Zeremoniell. Eine Vorstellung von diesen feierlichen Handlungen erlaubt noch das Pontificale der römischen Kirche, nach dem die Konsekration eines Gotteshauses vollzogen wurde und auch heute noch geschieht. Danach werden die Diagonalen im Geviert der Kirche durch Aschenstreifen markiert, und der Bischof kratzt in sie das griechische und danach das lateinische Alphabet ein. Das liegende Kreuz gilt als Bannmittel gegen die Mächte der Dämonen. Damit wird deutlich gemacht, daß Gott von diesem Platz Besitz ergriffen hat. In ähnlicher Weise mag auch im hohen Mittelalter schon der Standort der zu erbauenden Kirche bezeichnet und gesegnet worden sein.

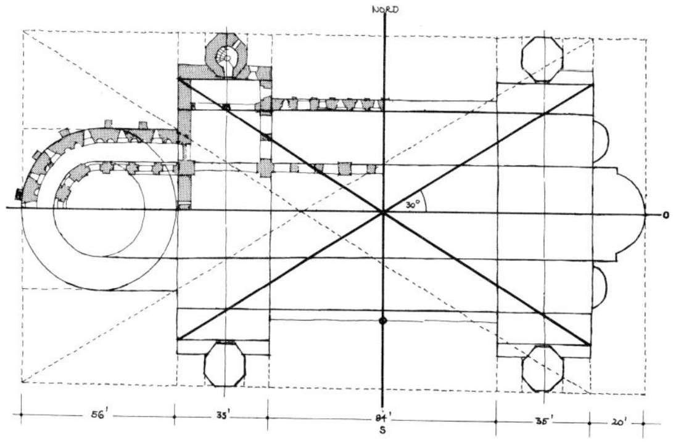


Es gehört zum geschichtlichen Bild von St. Michaelis, sich vorzustellen, wie Bernward – Bischof und Graf –, der hochgebildete, strenge, nur selten heitere Sachse, der demütige Diener seiner Christengemeinden, der sich trotz aller Mühsal und Sorge in unruhigen Zeiten nur wenig Ruhe gönnte, in einem liturgischen Gewand, wie ihn das kostbare Evangeliar des Domschatzes zeigt, nächtens unter gregorianischen Gesängen das Geviert seiner geplanten Gottesburg auf dem bis dahin bewaldeten und wilden, nun aber schon gerodeten Hügel mit segnenden Gesten umschritt.

Mit Edelsteinen, Perlen, antiken Gemmen und Filigran verziertes RELIQUIENKREUZ aus vergoldeten Kupferblechen auf Eichenholzkern. Unter einem Bergkristall im Schnittpunkt der Kreuzbalken ist die Partikel des Heiligen Kreuzes geborgen, die Bernward bei seiner Weihe zum Bischof von Hildesheim im Jahre 993 von Kaiser Otto III. zum Geschenk erhielt.
Das Kreuz wurde um 1000 zunächst für die Kreuzkapelle des Michaelisklosters geschaffen und später am Kreuzaltar der Klosterkirche aufgestellt. Es konnte auch bei Prozessionen als Vortragekreuz verwendet werden. Höhe 48 cm, Breite 37 cm. – Das Kreuz befindet sich jetzt im Domschatz.

Rechts: BLICK VON DER OSTVIERUNG IN DAS LANGHAUS UND IN DEN ERHÖHTEN WESTCHOR.

## DIE GESTALT DES BERNWARDSBAUES

Die von Bischof Bernward entworfene und im wesentlichen noch vor seinem Tode im Jahre 1022 vollendete Kirche ist nicht unversehrt erhalten geblieben. Im Laufe der Jahrhunderte wurden Instandsetzungen und Umbauten durchgeführt, aber es entstanden auch, vor allem vom 17. Jahrhundert ab, beachtliche Verluste an ursprünglicher Substanz. Schließlich hatte die Zerstörung im Zweiten Weltkrieg den Fortbestand des Bauwerks in Frage gestellt.

Die jüngste Geschichte von St. Michaelis beginnt mit der immer noch bewegenden Tatsache, daß der von der Würde und Schönheit des Bernwardsbaues ergriffene Pfarrer der Gemeinde, Kurt Degener, schon bald nach dem Kriege den Wiederaufbau des Gotteshauses wagte und ein hochherziger Stifter, Mr. B. R. Armour aus New York, diesem Mut eine realistische Basis schenkte. In den folgenden Jahren bis 1960 ist dann mit großen Anstrengungen der ursprüngliche Bestand ermittelt und rekonstruiert worden. Dabei konnte man von den immer noch beachtlichen und nun mit äußerster Sorgfalt wiederhergestellten Resten des Urbaues ausgehen und wichtige Erkenntnisse von alten Modellen und Grabungen auswerten.

Die wiederhergestellte Michaeliskirche entspricht weithin der ursprünglichen Konzeption. Eine Würdigung der Bauideen Bernwards kann sich deshalb glücklicherweise auf das Anschaubare beziehen.

Die hoheitsvolle, monumentale Gestalt von St. Michaelis beruht auf der wohldurchdachten Komposition der einzelnen Bauglieder, die zu einem harmonischen Baukörper zusammengefügt sind. Die in strenger Symmetrie angeordneten beiden Querhäuser, zwischen denen – wie bei der Stiftskirche von Memleben – das basilikale Langhaus eingespannt erscheint, geben dem Bauwerk durch die an den Flanken zu gleicher Höhe aufragenden schlanken Treppentürme mit Kegeldächern und die gedrungenen Vierungstürme mit Pyramidendächern im Zentrum der Querriegel, von denen wenigstens einer Geläut enthielt, eine burgartige Wirkung. St. Michaelis sollte eine von Engeln bewachte Burg Gottes sein, eine von vielen Türmen geschützte Burg. Hier spielte sich eine noch stark von heidnisch-sächsischer Eigenart geprägte Vorstellung von Türmen als Schutzhäusern ein.

An den Mittelbau schließen sich nach Osten und Westen hin Chöre von unterschiedlicher Gestalt an. Es fällt auf, daß der Westchor wesentlich länger ist als der (nach 1945 erneuerte) Ostchor. Letzterer besteht nur aus einer halbrunden Apsis, die mit einem knappen Zwischenjoch aus dem Querhaus hervortritt. Die beiden dicht seitlich anschließenden, zweigeschossigen Nebenapsiden – ebenfalls neu – sind direkt an die Querhauswand gestellt. Diese Anordnung der drei Apsiden, die auf Befunde von Grabungen zurückgeht, läßt darauf schließen, daß dem Ostchor für das gottesdienstliche Leben der Klostergemeinschaft keine besondere Bedeutung zukam. Der Chor der Mönche war im Westen, über der Krypta mit der Grablege des Stifter-Bischofs, der am Ende seines Lebens Mitglied der Mönchsgemeinschaft wurde. Die Umrisse des „Hohen Chores“ entsprechen denen des Innenbereichs der Krypta. An der Ostseite des Mönchschores

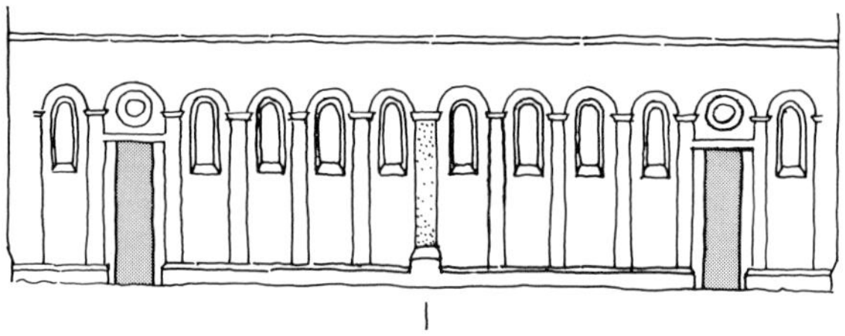

*Rekonstruktion der AUSSENWAND DES SÜDLICHEN SEITENSCHIFFS mit der von R. Wesenberg angenommenen Anbringung der beiden bronzenen Türflügel.*

stand der Altar, nach Osten orientiert. Ein Zugang zum Chor dürfte bis gegen Ende des 12. Jahrhunderts vom Westflügel des Klosters her über die sogenannte Obere Sakristei geführt haben. Aber man konnte wohl auch, wie jetzt wieder, von der Westvierung aus den Chorraum über eine Treppe erreichen bzw. auf dieser vom Chor ins Schiff gelangen. Sonst bot noch das Portal im westlichen Querhaus den Zugang vom Kloster zur Kirche.

Der streng symmetrisch gestaltete Mittelbau weist außen eine deutlich markierte Mitte auf. In der Wand des südlichen Seitenschiffs sind noch Teile der bernwardinischen Fassadengliederung zu erkennen. Auffallend sind hier vor allem die Reste einer aus roten Sandsteinquadern bestehenden Lisene. Diese Lisene ist genau in der Mitte der Südwand. Wenn man im Grundriß von hier aus eine Linie nach Norden zieht, trifft sie die liturgische West-Ost-Achse im Schnittpunkt der zwischen den Ecken des Baues gezogenen Diagonalen, der als Mittelpunkt der Kirche gilt. Hier wird in besonders sinnfälliger Weise die absolute Entsprechung von äußerer Gestaltung und innerer Ausrichtung spürbar.

Die Wandgestaltung des südlichen Seitenschiffs mit den großen gotischen Maßwerkfenstern stammt aus dem 15. Jahrhundert. Versuche, die bernwardinische Wandordnung zu rekonstruieren, ließen ein feingliedriges Relief mit Lisenen und kleinen Fenstern annehmen. Zwei symmetrisch zur Mittelachse angeordnete, schmalhohe Öffnungen in der Wand bildeten die Eingänge für die Laien. In ihnen waren von 1015 bis zur Überführung in den Dom, 1035, die berühmten Bronzetüren angebracht.

Die Gestalt des Westchores oberhalb des Kryptenumganges zeigt den Zustand reicherer Ausschmückung nach einem Umbau in den vierziger Jahren des 13. Jahrhunderts. Beim Wiederaufbau nach 1945 sind alle Veränderungen aus jüngerer Zeit rückgängig gemacht worden.

An den Wänden des Kryptenumganges wurde die bernwardinische Ordnung mit Strebepfeilern und kleineren

*Fortsetzung Seite 24*

## DIE BRONZETÜREN BERNWARDS

Während die Christus-Säule erst im vorigen Jahrhundert in den Dom kam, sind die Türflügel schon sehr lange dort. Nach der Überlieferung ließ Bischof Godehard die Türen, die sein Vorgänger Bernward hatte gießen lassen, in einer Öffnung zwischen dem neuerbauten Paradies und dem Schiff des Domes anbringen. Das soll um 1035 geschehen sein. Damals wurde die Michaeliskirche nach einem Brand instandgesetzt.

Eine Inschrift auf den mittleren Querrahmen der beiden Flügel, die man nur richtig lesen kann, wenn beide nebeneinander stehen, besagt, daß Bischof Bernward die Flügel im Jahre 1015 in der Fassade der „Engelskirche" aufhängen ließ. Mit der Engelskirche kann aber nur die den Engeln geweihte Michaeliskirche gemeint sein. Bernward hätte demnach die beiden Flügel für seine Klosterkirche gießen lassen. Dies hielten aber die meisten Kenner der Baugeschichte von St. Michaelis für unwahrscheinlich, weil sie sich nicht vorstellen konnten, wo die Flügel angebracht gewesen sein sollten. Die Forschungen der letzten Jahrzehnte haben jedoch eine deutlichere Vorstellung von der ursprünglichen Gestaltung der Fassade des südlichen Seitenschiffs vermittelt. Dabei bot sich an, zwei schmalhohe Eingänge in der durch Lisenen gegliederten Wand anzunehmen. In diese Wandöffnungen würden, wie R. Wesenberg dargelegt hat, die beiden Türflügel nach Höhe und Breite gut passen. Man müßte dann allerdings eine getrennte Anordnung bejahen. Für diese spricht die Gestaltung der Türen selbst, weil jede einen in sich geschlossenen Zyklus von Bildern darbietet: auf der einen Tür, von oben nach unten abzulesen, acht Szenen des Alten Testamentes, beginnend mit der Erschaffung Adams und Evas, endend mit Kains Brudermord; auf der anderen Tür, von unten nach oben zu lesen, acht Szenen des Neuen Testamentes, von der Verkündung an Maria bis zur Himmelfahrt Christi. Die erste Reihe, sicher auf dem Flügel links in der Fassade zu denken, beginnt mit Gott, der vom Himmel herabkommt, um die Menschen zu schaffen und endet unten im Elend des Brudermordes; die zweite Reihe, danach auf dem rechten Flügel anzunehmen, beginnt unten mit der Ankündigung, daß der Erlöser auf dieser Erde geboren wird, und endet oben mit der zum Himmel aufsteigenden Gestalt des Auferstandenen. Es fällt auf, daß Szenen aus dem Leben Jesu zwischen der Darbringung im Tempel und dem Urteil des Pilatus fehlen. Diese Tatsache spricht aber für die Anbringung der Türen an der Eingangsseite von St. Michaelis, denn das Leben Jesu ist ausführlich auf der Christussäule geschildert, die man vor sich sah, wenn man vom Südeingang her in das Kirchenschiff trat.

Die Türen haben bei gleicher Höhe von 472 cm (Höhe der Christussäule ohne Kapitell 379 cm) eine Breite von 112,5 bzw. 114,4 cm; ursprünglich wohl bei beiden ca. 120 cm. Jeder Flügel ist mit dem Löwenkopf-Drücker in einem Stück gegossen. Die Figuren der durch schmale, flache Rahmenbänder geteilten Bildtafeln sind sehr plastisch geformt, einige lösen sich fast vom Hintergrund. Bei den Darstellungen überrascht die der bernwardinischen Kunst eigene Ausdruckskraft der Gestik und Mimik, die sich aus der starken Erlebnisfähigkeit Bernwards und der von ihm inspirierten Bildhauer erklärt. Die biblischen Geschichten werden hier wie bei der Heliand-Dichtung in unerhörter Eindringlichkeit vorgetragen.

Die Großartigkeit der künstlerischen Leistung an diesen Türen Bernwards wird deutlich, wenn man sie mit den Bronzetüren vergleicht, die Erzbischof Willigis wenige Jahre vorher für den Mainzer Dom gießen ließ.

Den Bronzetüren und der Christussäule ist so viel Aufmerksamkeit gewidmet, weil gerade diese überragenden Kunstwerke, die wie durch ein Wunder erhalten geblieben sind, für die Vorstellung von der Gestalt und der Aussage der Michaeliskirche unentbehrlich und zudem glücklicherweise sogar in der Nähe erlebbar sind, wenn auch nicht mehr in der grandiosen Einheit des ursprünglichen Gesamtkunstwerks.

NÖRDLICHE CHORSCHRANKE in der Vierung vor dem Westchor. Innenseite, von Südwesten gesehen. Links die Öffnung zum Verbindungsgang zwischen Mönchschor und Kloster.
Als nach der Heiligsprechung Bernwards 1192 und nach der Erhebung seiner Gebeine im August des Jahres 1194 die Krypta nach Osten in die Vierung vorgezogen und der Mönchschor entsprechend auch nach Osten hin vergrößert wurde, mußte der höher liegende Teil des neuen Chores in der Vierung gegen die Querhausarme und gegen das Mittelschiff abgeschützt werden. Dies geschah durch Chorschranken nach Süden und Norden und durch den Lettner zum Schiff hin. Von diesen zwischen 1194 und 1197 geschaffenen Schranken blieb nur die nördliche erhalten. Der Lettner wurde 1566 durch ein Holzgitter ersetzt und die südliche Schranke 1662 beim Abbruch der Gewölbe in Querhaus und Chor zerschlagen.
Die Schmuckformen der Schranke sind durch und durch Stukkaturen. Diese Technik der Gestaltung von Skulpturen und Reliefs war in Niedersachsen verbreitet und zu hoher Kunstfertigkeit entwickelt.

Seite 23: EIN TEIL DER SCHRANKEN-INNENSEITE mit den aus zwölf Bögen bestehenden Engelarkaden und den sie oben und unten abschließenden Friesen. Der Ausschnitt läßt die feinsinnige Durchbildung der Details, besonders auch bei den sehr phantasievollen, skurrilen Drôlerien, die in ein stilisiertes Rankenwerk eingewoben sind, erkennen. Die ursprüngliche heitere Farbgebung wird man sich so vorstellen dürfen, wie sie die hier wiedergegebene, auf alte Farbreste zurückgehende Fassung zeigt. – Die sitzenden Engel halten Spruchbänder, die früher wohl Inschriften trugen, welche die Tugenden des Mönchslebens priesen. Vor der schmucklosen Wand der Schranke stand unter den Engelarkaden das Chorgestühl der Mönche.

Fenstern, die in der Barockzeit ein wenig verändert worden war, wiederhergestellt. Das Portal an der Westseite war ursprünglich wohl bedeutsamer gestaltet.
Bei der Wiederherstellung der vier Treppentürme sind die Geschosse nach der ursprünglichen Konzeption aufgeführt worden. Es ist nun wieder deutlich, daß das Traufgesims vom Langhaus her an den Querhäusern und am östlichen Chorjoch durchläuft und auch die Treppentürme umschließt, so den zahlreichen Senkrechten eine parallel zum Sockel sich hinziehende Waagerechte bietend. Das Gesims trennt den Unterbau der Türme mit achteckigem Grundriß von den oberen, runden Geschossen.
Die verschiedenen Dächer – Satteldächer, Pultdächer, Pyramiden- und Kegeldächer – waren bis ins 17. Jahrhundert hinein einheitlich mit Bleiplatten gedeckt. Blei wurde seit 968 im Harz gewonnen, vor allem in dem Bergwerk am Rammelsberg bei Goslar, das auch durch die Silbergewinnung große Bedeutung erhielt. Die Mönche von St. Michaelis waren Jahrhunderte hindurch auf einen ausreichenden Vorrat an Bleiplatten bedacht, um die immer wieder anfallenden Reparaturen an den Dächern ausführen zu können. – Heute sind die Dächer der Türme mit Kupferblech und die übrigen Dächer mit Ziegeln gedeckt.
Für das Bild der Fassaden sind Art und Größen der Fenster wie auch deren Verglasung wichtig. Die bernwardinischen Teile des Bauwerks haben verhältnismäßig kleine Rundbogenfenster, daneben an besonderen Stellen der Querhäuser und an den Vierungstürmen Rundfenster, sogenannte Oculi (Augen). In den Obergaden des Mittelschiffs sind je 10 Fenster. Am Westchor finden sich größere Rundbogenfenster mit reichgegliederten Gewänden im Stile der Spätromanik. Natürlich sind die großen gotischen Fenster des südlichen Seitenschiffs „Fremdkörper" im Bernwardsbau. Sie geben auch dem Innern zuviel Licht, aber die Menschen des späten Mittelalters wünschten sich offenbar einen helleren Raum.
Die Fassaden wiesen ursprünglich einen hellen Anstrich auf, der die plastische Gliederung der Wandflächen deutlicher hervortreten ließ. Die mit Bruchsteinen gemauerten Wände waren zweifellos verputzt und gestrichen, aber auch die sorgfältig bearbeiteten und versetzten Sandsteinquader dürften mit einer dünnen Kalkschlämme überzogen gewesen sein. Der nur an wenigen Stellen erhaltene Wechsel weißer und roter Quader – etwa an der Einfassung von Rundfenstern – wird ursprünglich – mit entsprechendem Anstrich – an weiteren Gliederungen der Fassaden vorgekommen sein. Er gab dem Bernwardsbau ein feierlich-lichtes Gepräge, mit dem er sich von dem Grün der Umgebung abhob. Der restaurierte Limburger Dom vermittelt eine Vorstellung von der gewollten Farbigkeit einer mittelalterlichen Kirche. Die Basilika St. Lamberti in Bechtheim bei Worms, ein Bau mit wesentlichen Teilen aus der Zeit um 1000, den der Bischof von Lüttich errichtete, ist nach Resten der Fassung des 12. Jahrhunderts in Farbe gesetzt worden. Dem Verfasser sei erlaubt, in die Zukunft das Bild einer farbig gefaßten Michaeliskirche zu projizieren. Die „Färbelung", wie man im süddeutschen Raum sagt, würde den Wiederaufbau der Bernwardskirche gewissermaßen krönen und die Wunden der Fassaden, die in Jahrhunderten entstanden sind, schließen.

Das Innere der Michaeliskirche läßt deutlicher als das Äußere erkennen, welche Schicksale das Gotteshaus in fast 1000 Jahren seiner Geschichte erlitt. Wenn die Ergebnisse der verschiedenen Umbauten im 12. und 13. Jahrhundert vollständig erhalten wären, würde der gottesdienstliche Raum sehr stark von der Schmuckfreudigkeit des späten 12. Jahrhunderts geprägt erscheinen. Jetzt zeugt davon im besonderen noch das Deckenbild. Durch die Veränderungen im 17. Jahrhundert und dann durch die Zerstörung im Zweiten Weltkrieg ist gerade das im 12. und frühen 13. Jahrhundert Entstandene erheblich geschrumpft, von dem Verlust an Kunstwerken aus der Zeit Bernwards in den Jahrhunderten nach der Reformation ganz zu schweigen. Auf der anderen Seite wurde aber beim Wiederaufbau nach 1945 für wichtige Bereiche des Urbaues, die seit langem nicht mehr als solche existierten oder wirkten, die ursprüngliche Gestalt zurückgewonnen. Das gilt vor allem für das östliche Querhaus und die Ostapsiden. Seit 1650 hatte dieser in liturgischer Hinsicht einst bedeutsame Bezirk der Kirche keinen Anteil mehr an der Wirkung des ottonischen Baues gehabt. Die Apsiden waren damals abgebrochen und über der nach Westen geschlossenen Vierung ein hoher Turm mit barocker Haube errichtet worden. Das Kircheninnere war seit dieser Zeit ja auch konsequenterweise „gewestet".
Nach der Zerstörung im Jahre 1945 bot sich die Gelegenheit, den Wiederaufbau nach der ursprünglichen Konzeption durchzuführen. Das ist geschehen. Ostquerhaus und Ostapsiden erhielten auf diese Weise wieder ihre ursprüngliche Gestalt, und damit konnte der Gesamtraum auch wieder „geostet" werden.
Da von den einstmals bedeutenden Veränderungen des 12. und 13. Jahrhunderts durchweg nur noch Fragmente übrigblieben, kann der Versuch unternommen werden, den bernwardinischen Raumvorstellungen, die jetzt wieder deutlicher erkennbar sind, nachzugehen.
Beim Eintreten in die Kirche von einer der beiden gotischen Türen im südlichen Seitenschiff her gelangt man vor die Südarkaden des Mittelschiffs und hat von hier den Blick nach links und rechts durch Doppelarkaden, welche das Seitenschiff begrenzen, in die Querhäuser wie durch die Hauptarkaden in das Mittelschiff. Nach dem Durchschreiten der Arkaden empfindet man das Eingespanntsein des Mittelschiffs zwischen den beiden Vierungen, die im Schnittpunkt von Querhäusern und Schiff als mit hohen Bögen ausgesonderte, im Grundriß quadratische Bereiche betont sind. Maße und Gliederung des Mittelschiffs offenbaren

*Fortsetzung Seite 28*

Zusammen mit den beiden Bronzetüren der Michaeliskirche, die schon wenige Jahre nach Bernwards Tod von Bischof Godehard in den Dom geholt wurden und hier Bewunderung finden, gehört die ebenfalls im Dom aufbewahrte Säule zu den monumentalen Kunstwerken, mit denen Bernward die Klosterkirche schmückte. Die Türen entstanden um 1015, die Säule um 1020.

Bei seinem Aufenthalt in Rom 1000/01 – vielleicht auch früher schon – hatte Bernward die Siegessäulen des Trajan und des Marc Aurel aus dem 2. Jahrhundert n. Chr. gesehen. Diese Bildsäulen gaben ihm zweifellos die Anregung, das Leben Christi in ähnlicher Weise auf einer solchen Säule zu verherrlichen. Zum Thema erhielt er sicher Anregungen von der sächsischen Heliand-Dichtung, die um 850 im Kloster Werden geschrieben worden war, um den Sachsen das Leben und Wirken Christi als eines den eigenen Fürsten vergleichbaren, aber noch sehr viel mächtigeren Helden verständlicher zu machen. Bernward dürfte diese Handschrift, von der schon bald Kopien hergestellt wurden, in Werden gesehen haben, denn er besuchte das Kloster, dem sein Onkel Folkmar eine Zeitlang als Abt vorstand, als Gefolgsmann der kaiserlichen Familie wohl von Zeit zu Zeit.

Mit 24 eindrucksvollen Bildern, die von unten nach oben – linksläufig – bei achtmaligem Umschreiten der Säule abzulesen sind, ist das Leben Christi von der Taufe im Jordan bis zum Einzug in Jerusalem dargestellt.

Auf der Basis sitzen die personifizierten Gestalten der vier Paradiesesströme. Damit gewinnt die Säule die Bedeutung eines Lebensbaumes im Paradies. Für Bernward verband sich mit der Säule gewiß die Vorstellung eines Baumstammes oder Pfahles, wie sie von heidnischen Kultstätten durchaus noch in Erinnerung sein konnte. In diesem Zusammenhang ist daran zu denken, daß Bernward 1022 bei der Weihe von St. Michaelis eine Marmorsäule geschenkt bekam, die von einem heidnischen Heiligtum stammte. Die „Irminsul" erhielt dann einen Platz vor dem im Ostteil des Mittelschiffs errichteten Kreuzaltar mit dem kostbaren Reliquienkreuz, während die noch vor Bernwards Tod vollendete Christussäule hinter dem Kreuzaltar – in der Vierung – Aufstellung fand: unübersehbares Zeichen des Triumphes Christi über die heidnische Götterwelt!

Die Säule hatte ursprünglich vier Teile: Basis, Schaft, Kapitell und Kreuz mit Korpus Christi. Sie wurde in allen Teilen – wie vorher die Türen – im Wachsausschmelzverfahren nach Vitruvschem Rezept gegossen, und zwar wohl mit Sicherheit in einer Werkstatt des Klosters. Eine Vorstellung von der großartigen Leistung dieser Gießerei vermitteln die Maße: ohne Kapitell ist die Säule 379 cm hoch, der Schaft hat einen Durchmesser von 58 cm und ist hohl gegossen. Mit dem ursprünglichen Kapitell und dem Kruzifixus darauf könnte die Säule eine Gesamthöhe von über 6 m gehabt haben!

Das Geschick der Säule, die heute ein Kunstwerk von unschätzbarem Wert darstellt, ist reich an Dramatik. 1544 wurde das Kreuz auf dem Kapitell zerstört, 1650 auch das Kapitell (es wurde durch ein hölzernes ersetzt). 1723 stürzte man die Säule, um das wertvolle Material zu verkaufen. 1737 wurde sie auf Anordnung des Magistrats zur Ratswaage transportiert. Der Kaiser (Karl VI.) verhinderte durch ein Dekret den Verkauf. Die Säule kam zurück nach St. Michaelis. 1760 wurde sie dann tatsächlich verkauft, aber der Verkauf mußte rückgängig gemacht werden. 1810 war die Säule noch in der Michaeliskirche. Nach der Auflösung des Klosters holte man sie auf den Domhof und stellte sie hier auf. 1871 wurde ein neues Kapitell geschaffen. 1895 kam die Säule in das Querhaus des Domes. Im letzten Krieg konnte sie rechtzeitig geborgen werden. Jetzt steht sie wieder – natürlich längst nicht so bedeutsam wie an ihrem ursprünglichen Platz in der Vierung von St. Michaelis – im südlichen Querhaus des Domes.

AUSSENSEITE DER NORDSCHRANKE. Die freie Wandfläche unter den Arkaden bot Gelegenheit zur Anbringung großfiguriger Stuckreliefs. In sieben Bögen stehen Heiligenfiguren: in der Mitte, durch einen Kleeblattbogen ausgezeichnet, Maria mit dem Kind, links neben ihr zunächst Petrus und Jakobus, rechts Paulus und Johannes Ev., schließlich ganz außen links der hl. Benedikt und rechts der damals gerade heiliggesprochene, aber schon seit 1150 verehrte Bischof Bernward mit dem Modell seiner Michaeliskirche auf der linken Hand. In die Zwikkel zwischen den Bögen sind phantasievolle Architekturgebilde gestellt, und auf den Bögen blähen sich eigentümliche Faltdächer wie Fallschirme oder Segel auf.

BLICK VOM SÜDLICHEN SEITENSCHIFF durch eine Arkade mit den Säulen von 1180 in das Mittelschiff, die Ostvierung und das Querhaus. Auch mit den erneuerten Säulen wurde der „bernwardinische Stützenwechsel" – Pfeiler, Säule, Säule, Pfeiler – beibehalten.

noch die ursprüngliche Ordnung mit dem von Bernward eingeführten Stützenwechsel, bei dem jeweils zwei Säulen zwischen einem Pfeiler stehen und auf diese Weise vom Grundriß her drei quadratische Joche bilden. In Sachsen kannte man den Stützenwechsel früher schon, allerdings nur mit dem einfachen Wechsel von Säule und Pfeiler, wie in Gernrode.

Der Rhythmus der Arkaden ist der ursprüngliche geblieben, obwohl schon im 12. Jahrhundert – vor 1186 – zehn der zwölf bernwardinischen Säulen durch neue, schlankere ersetzt wurden und nur zwei die gedrungene Urform mit attischer Basis, Würfelkapitell, Kämpferblock und Kämpferplatte behielten. Das Würfelkapitell war zu Bernwards Zeit wohl schon bekannt, aber erst in der Michaeliskirche wurde es so streng konstruiert und so konsequent in den Arkaden des Innenraumes verwandt.

Der Obergaden über dem Gurtgesims weist an beiden Seiten je zehn Rundbogenfenster auf. Durch diese Fenster ist das Mittelschiff wesentlich heller als die Vierungen.

Zu Bernwards Zeit dürften über dem Mittelschiff wie über allen übrigen Raumteilen einfache Bretterdecken gewesen sein.

Am Ostende des Mittelschiffs stand – wohl noch bis 1542 – der Kreuzaltar mit dem kostbaren, goldenen Reliquienkreuz, auf den alle liturgischen Orte und das Grab Bernwards in der Krypta ausgerichtet waren. Dicht hinter dem Altar ist der Standort der Christussäule – heute im Dom – anzunehmen, vor ihm dürfte die Irminsul, eine von einer alten sächsischen Kultstätte stammende Marmorsäule, als Zeichen des überwundenen heidnischen Götterglaubens gestanden haben.

Beide Vierungen waren ursprünglich wohl Freiräume, in denen man, vom Mittelschiff her kommend, aus gebührender Entfernung die in den Enden der Querhäuser aufsteigenden Engelsemporen erleben sollte. Hier, in den Vierungen, spürt man die aus dem Grundriß ablesbare Durchdringung von Langhaus und Querhäusern als stark beeindruckende Raumspannung. Dies wurde früher sicher erst recht deutlich, wenn vom Westchor her Gesänge der Mönche in den Raum drangen oder feierliche Prozessionen durch die Kirche zogen und an den Vierungen wendeten. Das Geheimnis des Raumes ist nicht nur mit den Augen zu erfassen, man sollte es auch hörend zu erfahren versuchen. Bernward war mit den Regeln der Akustik durchaus vertraut, und er hat bei dem Entwurf für seine Kirche sicher daran gedacht, daß Gesänge und Gebete vom Klang her rechte und feierliche Wirkung erhalten sollten. Es ist aber wichtig, daran zu denken, daß der gregorianische Choral von seinem Wesen her eine Erlebniseinheit mit der Architektur ermöglicht, wie sie sonst wohl kaum harmonischer sein kann.

Von den acht Engelsemporen in den vier Querhausarmen, zu denen man über die Treppentürme gelangt, sind die im Nordarm des westlichen Querhauses am besten erhalten (die im Südarm stammen von der Instandsetzung im Jahre 1910). Bernwardinische Raumgestaltung ist hier mit den reichen Arkadengliederungen zu höchster Harmonie und Schönheit gesteigert. Beim Durchschreiten der Kirche hat man dieses Erlebnis viermal, jedesmal mit anderer Belichtung.

Hinter der Ostvierung öffnet sich das Querhaus zu einer halbrunden Apsis, die mit einem knappen Zwischenjoch anschließt. In der Apsiswand sind fünf Rundbogenfenster – jetzt transennenartig mit Glasmalereien in Dickglastechnik von Gerhard Hausmann geschmückt – während sie ursprünglich wohl nur drei Fensteröffnungen aufwies. Die kleineren seitlichen Apsiden sind zweigeschossig mit Doppelreihen von je drei Fenstern ausgebildet. Zu den oberen Apsiden führt ein Gang von den ersten Engelsemporen. Es ist nicht mehr zu erkennen, welche Bedeutung den Nebenapsiden in der liturgischen Gesamtkonzeption zukam, aber es ist anzunehmen, daß unten und oben ein Altar stand. Der Altar in der Hauptapsis war Johannes dem Täufer geweiht.

Zu Bernwards Zeit gelangte man vom westlichen Querhaus durch zwei Türen an der Nord- und Südseite in den Umgang der Krypta und von da in den durch Säulenreihen dreischiffig gestalteten Innenraum mit der Gruft Bernwards und dem Marienaltar in der Ostwand. Prozessionen konnten somit vom Kirchenschiff her durch den Kryptenumgang am Grabe Bernwards vorbeigeführt werden. Dieser Prozessionsweg wurde erst recht wichtig nach der Heiligsprechung Bernwards.

Die Krypta liegt nur um zwei Stufen tiefer als der übrige Kirchenraum. Man sollte deshalb von einer Unterkirche unter dem Westchor sprechen. Der jetzige, erhöhte Vorchor in der Westvierung ist weder bernwardinisch noch sonstwie aus der Baugeschichte begründet, am ehesten noch aus der Tatsache zu erklären, daß hier bis zur „Ostung" der Kirche im Jahre 1960 der Altar stand.

Von der ursprünglich mit dem Kirchenschiff niveaugleichen Vierung führte bis zum Ende des 12. Jahrhunderts eine Treppe – vielleicht mit zwei Läufen – zum Hochchor, der wahrscheinlich mit einem Lettner zur Vierung hin geschlossen war.

Die heutige Gestalt des Westchores – nach 1945 so hergestellt – entspricht der um 1240 geschaffenen. Die Glasmalereien mit Engelsdarstellungen in den Fenstern sind von Charles Crodel. Leider ist die Öffnung im Scheitel der Chorwand, durch die man vom Michaelsaltar in die Kirche sehen konnte, zugemauert. Auch von der bernwardinischen Gliederung der Nordwand ist nichts mehr vorhanden. An den Vierungspfeilern finden sich Dienste mit Ansätzen von Gewölben, die gegen 1200 im westlichen Querhaus wie im Chorraum eingebaut, aber größtenteils schon im 17. Jahrhundert wieder entfernt wurden.

Das Kircheninnere hatte zu Bernwards Zeit eine den Fassaden entsprechende helle Ausmalung, bei der die Flächen weiß gehalten und die architektonischen Gliederungen, wie die Bögen der Vierung und die Fenster- und Türgewände, mit rotweißer Quaderung hervorgehoben waren. An einigen Stellen des Raumes, zum Beispiel im südlichen Seitenschiff, in der Krypta und im Nordarm des westlichen Querhauses sind Reste einer Malerei mit roten, ockerfarbenen und schwarzen Ornamenten, aber auch mit figürlichen Darstellungen auf weißen Wandflächen entdeckt worden. Hinweise auf Malereien an den Obergaden-Wänden des Mittelschiffs gibt es nicht.

Zu Bernwards Zeit unterstrich die farbige Fassung des Raumes seine architektonische Gliederung und erhöhte damit ihre feierlich-monumentale Aussage. Die Wirkung der Ausmalung wurde wesentlich bestimmt durch das Licht von den Fenstern, die sicher nicht offen waren oder nur im Winter mit Fellen verhängt wurden. Für eine ursprüngliche Verglasung ist sowohl an dünngeschliffene Alabasterscheiben als auch an Bleiverglasungen in Holzrahmen zu denken. Das Glas war damals kostbar. Die durchweg kleinen Scheiben fügte man mit breiten Bleiruten zusammen. Schwarzlotmalerei und stark stilisierte Darstellungen, auch figürliche, sind durchaus vorstellbar, wie wir von Fensterresten aus dem Kloster Lorsch wissen. Durch die vermutlich ziemlich dichte Verglasung der verhältnismäßig kleinen Fenster erhielt der Raum ein gedämpftes, gut dosiertes und sinnvoll gerichtetes Licht, das zur Gewinnung einer sakralen Stimmung wesentlich beitrug.

Die künstliche Beleuchtung war gewiß spärlich und ganz auf die liturgische Handlung im dunklen Raum eingerichtet. In den Arkaden waren an Ringen, die teilweise noch vorhanden sind, Öllampen aufgehängt, und im Hohen Chor hing eine Lichterkrone, die vielleicht noch aus Bernwards Zeit stammte und erst im 17. Jahrhundert zerstört wurde, als sie beim Abbruch der Gewölbe in Westvierung und Westchor herabfiel.

Von der Art des Fußbodens, der natürlich den Charakter des Kirchenraumes wesentlich mitbestimmte, ist nichts bekannt. Da aber in vielen mittelalterlichen Kirchen (auch für den Hildesheimer Dom überliefert) noch Reste von Schmuckfußböden erhalten sind, wird man für St. Michaelis einen Bodenbelag aus Marmor- oder Sandsteinplättchen, Kieseln oder Keramikplatten annehmen dürfen. Fürsten und hohe Geistliche beschenkten sich damals mit kostbaren Marmorböden, die aus römischen Bauten stammten. Von Bernward wissen wir aber, daß er Tonziegel herstellen ließ, die sogar – wie bei den römischen Ziegeln – Stempel mit seinem Namen aufwiesen. Es wäre also durchaus denkbar, daß er eigens Bodenziegel für seine Kirche brennen ließ.

Im 12. Jahrhundert erfuhr die instandsetzungsbedürftig gewordene Kirche eine wesentliche Bereicherung der Ausstattung durch die Erneuerung von zehn Säulen im Mittelschiff, der eine Ausschmückung der Bögen mit farbig gefaßten Stuckbändern und der äußeren Arkadenzwickel mit figürlichen und ornamentalen Stukkaturen folgte. Von den zehn Säulen, die damals entstanden, sind nur noch sieben erhalten geblieben; drei Kapitelle, die 1945 so starke Beschädigungen erlitten, daß sie ausgebaut werden mußten, wurden durch Bossen ersetzt. Die Kapitelle aus der Zeit um 1180 weisen reichen plastischen Schmuck auf. Von den Stukkaturen sind jedoch nur noch Reste vorhanden. Die Bänder in den Bögen der Südseite wurden ergänzt, von den Stukkaturen in den Arkadenzwickeln blieben lediglich die Figuren der Seligpreisungen erhalten.

Wurde mit den neuen Säulen im Schiff und den Stukkaturen an den Arkaden schon eine formal reichere, maßstäblich feinere und sehr viel farbigere Ausgestaltung des Bernwardsbaues angestrebt, so wurde diese zeitbedingte Tendenz noch verstärkt durch die Ausschmückung, die das Kircheninnere nach der Heiligsprechung Bernwards im Jahre 1192 erfuhr. Gleichzeitig mit der ziemlich riskanten Einwölbung von Westchor und westlichem Querhaus wurde die Unterkirche in die Vierung vorgezogen und damit der Platz um das Grab Bernwards erweitert. Der Mönchschor wurde ebenfalls nach Osten vorgezogen und mit Schranken nach Norden und Süden wie mit einem Lettner nach Osten abgeschlossen. An den Schranken und am Lettner entstanden farbig gefaßte Ornamente und figürliche Reliefs in der schon an den Arkaden geübten Stucktechnik. Von dem reichen Schmuck aus dieser Zeit der späten Romanik vermittelt nur noch die nördliche Schranke, die von den nach der Heiligsprechung Bernwards durchgeführten Unternehmungen übrigblieb, eine Vorstellung. Aber sie wird doch noch ergänzt und verstärkt durch das Deckenbild mit der figurenreichen Darstellung des Jessebaums über dem Mittelschiff, das um 1200 entstanden ist. Die originalen Teile konnten rechtzeitig im Zweiten Weltkrieg ausgebaut und auf diese Weise gerettet werden. Das auf Bretterflächen gemalte Bild von der Größe der Grundfläche des Mittelschiffs, also ungefähr 240 qm groß, gehört zu den wenigen Zeugnissen monumentaler Deckenmalerei dieser Zeit, die aus romanischer Zeit erhalten geblieben sind.

Die evangelische Michaelisgemeinde hat sich nach der Reformation in der ihr zugesprochenen Klosterkirche eingerichtet und dabei – verständlicherweise – auch ihrer Auffassung vom Gottesdienst durch entsprechende Ausstattung des Raumes Geltung verschaffen wollen. Sie nahm im 17. Jahrhundert die unvermeidbare Umorientierung nach Westen hin.

Auch die heutige Ausstattung, die nach dem Wiederaufbau der Kirche entstanden ist, trägt den Erfordernissen eines evangelischen Gemeindegottesdienstes Rechnung. So erklärt sich das Gestühl mit Mittelgang und die Gestaltung der Kanzel, schließlich auch der Standort und die Größe des Altars in der Ostvierung.

Die Gemeinde ist mit ihren Gedanken und Sorgen um das ihr anvertraute Kleinod, das sie mit Bedacht und Ehrfurcht hütet, noch lange nicht am Ende.

*Fortsetzung Seite 32*

DER MARIENALTAR IM WESTCHOR. Werk des sogenannten Johannes-Meisters, um 1520. Im Schrein farbig gefaßte und reich vergoldete Schnitzfiguren: Maria mit Kind zwischen dem Evangelisten Johannes und dem Täufer Johannes. In den Flügelkästen: links Barbara und Jakobus, rechts Andreas und Elisabeth von Thüringen.

GEMÄLDE AUF DEN RÜCKSEITEN DER FLÜGEL DES MARIENALTARS. Links Heimsuchung Mariä (Elisabeth begegnet Maria) und rechts Geburt Christi.

Bernward starb am 20. November 1022 nach fast dreißigjähriger Amtszeit als Bischof in seiner geliebten sächsischen Heimat. Ob er die Vollendung aller wesentlichen Teile seiner Kirche noch erlebt hat, ist ungewiß. Bei der Weihe am 29. September 1022, die er selbst vollziehen konnte, waren gewiß die Bauarbeiten noch im Gange. Nach weiterer Teilweihe im Jahre 1026 vollzog Bischof Godehard die Endweihe am 29. September des Jahres 1033, fast elf Jahre nach Bernwards Tod.
Wenige Tage vor seinem Tode ließ Bischof Bernward die Martinskapelle im Ostflügel des Klosters weihen. Hierhin ließ er sich tragen, als er sein Ende nahen fühlte, und hier gab er auch, mit dem Gewande eines Benediktinermönchs bekleidet, seinen Geist auf.

Als man ihn in seinem Sarkophag in der Unterkirche bestattet hatte, brachte man an einer Säule zur rechten Seite der Gruft die in seiner Lebensbeschreibung überlieferte, hier in Übersetzung wiedergegebene Inschrift an:

„In dieser Gruft sind die Gebeine des Bischofs Bernward umschlossen, / des erhabenen und wunderbaren Mannes, / der in der Heimat Krone wie ein leuchtender Stern geglänzt hat, / von Gott würdig erfunden, von den Menschen geliebt, / dem Gott Emmanuel und Michael es lohne. / Endlich am zwanzigsten Tag in dem elften der Monate / tauschte er glücklich dieses Leben mit dem himmlischen."

*SANDSTEIN-TAFEL, ehemals in Verbindung mit der Büste Bernwards außen am Westchor angebracht, jetzt im Südarm des östlichen Querhauses. H = 109 cm, B = 88 cm. An der Tafel sind die Spuren der Zerstörung im letzten Kriege erkennbar.*
*Wahrscheinlich ist die Inschrifttafel nach der Heiligsprechung Bernwards, gegen 1200, entstanden.*
*Der lateinische Text lautet:*
+ VENITE CONCIVES NOSTRI
DEUM ADORATE
VESTRIQUE PRAESULIS BERNWARDI
MEMENTOTE
*Übersetzt:*
*+ Kommt, unsere Mitbürger,*
*betet Gott an*
*und erinnert euch eures Bischofs*
*Bernward*

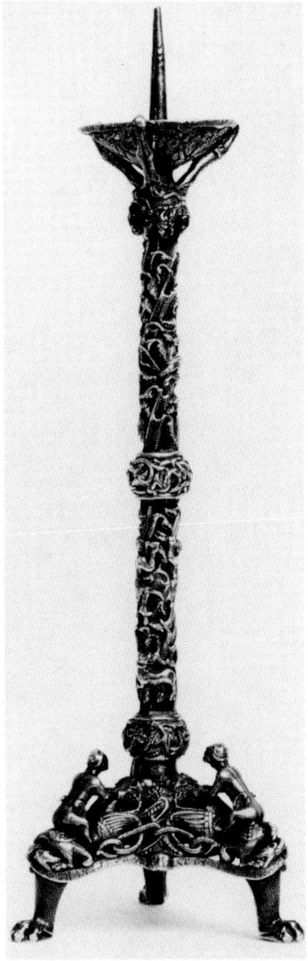 

DIE SILBERNEN BERNWARDSLEUCHTER

Im Jahre 1194 wurde nach der Heiligsprechung Bernwards (1192) zur Erhebung seiner Gebeine die Gruft in der Krypta geöffnet. Man fand in dem Sarkophag neben dem in ein kostbares Meßgewand gehüllten Leichnam – Bernward starb in einem Mönchsgewand – ein Rauchfaß (verschollen) und zwei Leuchter, die einmal als Altarleuchter gedient haben dürften. Die Leuchter wurden dem Sarge entnommen und von da ab mit besonderer Sorgfalt aufbewahrt. Sie sind trotz wechselvoller Schicksale erhalten geblieben (heute im Domschatz).
Daß neben dem toten Bischof Leuchter lagen, wie im Grabe eines Fürsten das Schwert neben dem Verstorbenen lag, mag auf einen Wunsch Bernwards zurückgehen: die Lichtträger, die häufig der Feier des Meßopfers Glanz verliehen hatten, als sichtbare Zeichen der Hoffnung auf das Licht des Ewigen Lebens auch im finsteren Grabe – wie Bernward selbst es auf der Grabplatte seiner Gruft nennt – um sich zu haben.
Die Leuchter sind in einer sehr eigentümlichen Weise mit Bernward verbunden gewesen. Das geht aus einer Inschrift hervor, die sich – gleichlautend – auf beiden Leuchtern findet. Sie besagt in Übersetzung vom Lateinischen ins Deutsche, daß er, Bischof Bernward, den Kandelaber von seinem Gießmeister in einer neuen Technik – weder aus Gold noch aus Silber – gießen ließ. Nach dem Anschein sind die Leuchter aber aus Silber, und durch Analysen wurde der Silberanteil auch mit mehr als 97 % nachgewiesen. Was könnte dann die Inschrift besagen? Eine Antwort ist nur von einer genaueren Untersuchung der Leuchter her zu finden. Dabei ergibt sich, daß sie zwar aus Silber bestehen, aber auch heute noch an vielen für die künstlerische Aussage wichtigen Stellen Vergoldung aufweisen. So wäre denkbar, daß Bernward als Ergebnis eigener Studien ein Rezept gefunden hätte, den Silberguß in einer besonderen Technik – ähnlich der Feuervergoldung – mit einer dauerhaften Vergoldung zu versehen. Die Leuchter wären damit Kunstwerke gewesen, die Bernward ihrer kunstvollen Gestaltung wegen hoch geschätzt hätte, zumal sie auch noch – z. B. bei der Inschrift – reizvolle Niellierungen (Vertiefungen, die mit dunklem Schwefelsilber gefüllt waren) aufwiesen.

Kostbares Material und ungewöhnliche Technik machen aber nicht allein das Besondere der Leuchter aus. Wie bei allen Kunstwerken, die mit Bernwards Namen verbunden sind, so ist hier eine über alle Teile der beiden Leuchter sich hinziehende bedeutende Thematik entfaltet, die sich erst bei meditativer Betrachtung der Details ganz erschließt. Christliches Gedankengut verbindet sich mit heidnischen Vorstellungen von Licht und Finsternis, vom Sieg des Lichtes über dämonische Mächte und von der erlösenden Wirkung des Lichtes auf die im Finstern wandelnde Menschheit. Das ist eines der Themen, die das Sachsenvolk seit seiner Bekehrung immer wieder bewegten: Christus das Licht, zu dem die Menschen aus dem Dunkeln aufsteigen. Hier sind es Menschen und Tiere, die von den Leuchterfüßen her in einem Gerank um die Schäfte nach oben zu den Schalen klettern, die auf hohen Dornen im Brennen sich verzehrende Wachslichte tragen, Sinnbilder des Opfers Christi, das seinen Gläubigen Licht und Leben schaffte.

An den silbernen Leuchtern wird in sehr eindringlicher Weise Bernwards Glaubenswelt deutlich, und damit erscheint es verständlich, daß er sich auch im Tode nicht von ihnen trennen wollte.

Die Leuchter entstanden wohl zwischen 995 und 1000 für den Altar der Kapelle, die Bernward zunächst zur Verehrung des kostbaren Reliquienkreuzes erbaute. Später dürften sie ein besonderer Schmuck des Kreuzaltares in der Michaeliskirche gewesen sein, nachdem das Reliquienkreuz hier seinen Platz erhielt. Höhe der Leuchter bis zur Dornspitze 42 bzw. 41 cm.

*Ostansicht der Kirche vor der Zerstörung im Jahre 1945.*

## CHRONIK DER MICHAELISKIRCHE

993 15. Januar, Weihe Bernwards zum Bischof von Hildesheim.
996 Berufung des Propstes Goderamnus vom Benediktinerkloster St. Pantaleon in Köln an das von Bernward gegründete Benediktinerkloster St. Michaelis in Hildesheim. Mit Goderamnus kommen sechs Mönche.
**996** 10. September, Weihe der Kreuzkapelle, in welcher die von Kaiser Otto III. gestiftete Kreuzpartikel verehrt wurde.
996 Beginn der Planung für Kloster und Kirche.
1010 Inschrift auf einem Grundstein im Südturm-Fundament des westlichen Querhauses.
**1015** 29. September (Michaelistag), Weihe der Krypta mit dem Marienaltar.
**1022** 29. September, Teilweihe der Kirche.
1022 Weihe der Martinskapelle.
1022 20. November, Tod Bernwards.
1022 1. Adventssonntag, Weihe des Benediktinerabtes Godehard von Altaich (geb. wie Bernward, 960) zum Bischof von Hildesheim.
**1026** Weitere Teilweihe der Kirche.
**1033** 29. September, Schlußweihe durch Bischof Godehard.
1034 1. Juni, Brand in der Kirche.
**1035** Wiederweihe nach Instandsetzung. Überführung der Bronzetüren zum Dom.
1150 Erfurter Synode genehmigt Verehrung Bernwards.
1167 Einbeziehung des Klosters in die Stadtumwallung.
**1186** 29. September, Wiederweihe der Kirche durch Bischof Adelog nach umfangreichen Instandsetzungen.
1192 Sonntag vor Weihnachten, Heiligsprechung Bernwards.
1194 16. August, feierliche Erhebung der Gebeine Bernwards.
1194 Vergrößerung der Krypta, Einwölbung von Westquerhaus und Westchor unter Leitung von Abt Theoderich II., magister theologiae.
**1197** Weihe des versetzten Marienaltars in der Krypta, Ausschmückung des Westlettners und der Chorschranken, Planung und Ausführung des Deckenbildes.
1240/59 Abt Godescalc, Instandsetzung von Kirche und Kreuzgang, Umgestaltung des Westchores.
1318 Erwähnung einer Orgel.
1398 Der Hildesheimer Goldschmied Heinrich Galle d. Ä. stellt einen silbernen Prachtsarg für die Gebeine Bernwards her. Kreuzkapelle Bernwards wird als St.-Lamberti-Kirche Pfarrkiche; im 15. und 16. Jahrhundert erweitert, 1826 abgebrochen.
1464/73 Abt Heinrich Berkau vergrößert die Fenster des südlichen Seitenschiffs, richtet ein Krankenhaus über dem östlichen Flügel des Kreuzgangs ein und umgibt das ganze Klostergelände mit einer Mauer.
1542 12. November, nach Einführung der Reformation wird die Klosterkirche den Protestanten als Pfarrkirche übergeben. Die Mönche behalten das Kloster, die Krypta, die Ursulakapelle an der Südseite und die Sakristei an der Nordseite des Westchores sowie die Benediktskapelle im Nordarm des westlichen Querhauses. Sie haben im übrigen die Baulast für alle Gebäude zu tragen.
1543 Die von Bischof Benno von Oldenburg bei der Kirchweihe 1022 gestiftete Marmorsäule (Irminsul) wird umgestürzt und in den Kreuzgang geschafft.
1544 Der Kruzifixus auf der Christussäule wird entfernt und eingeschmolzen.
1566 Der Stucklettner vor dem Westchor wird abgebrochen und durch ein Holzgitter ersetzt. Bis zum frühen 17. Jahrhundert bleibt die Bleideckung der Dächer erhalten, dann wird sie nicht mehr erneuert.
1650 Das Kapitell der Christussäule wird abgenommen und in einer Glockengießerei eingeschmolzen.
**1650** Die Ostapsis wird niedergelegt. Am Vierungsturm entstehen Schäden, und am Ostteil des Deckenbildes werden einige Tafeln zerstört.
**1662** Der westliche Vierungsturm und der Südarm des westlichen Querhauses werden abgerissen. Von den niederbrechenden Gewölben werden der Radleuchter und die südliche Chorschranke zerstört. Über der Ostvierung wird ein neuer Turm errichtet. Nach Beseitigung aller Apsiden wird die Ostfassade begradigt. Der Kirchenraum wird nach Westen orientiert.
1679 setzt man einen Helm auf den neuen Ostturm. Dieser bleibt als Wahrzeichen der Stadt bis 1945 erhalten.
1737 Niederlegung der Christussäule. Nach wechselvollem Schicksal kommt sie 1895 in den Dom.
1747 Die Wände des Westchores werden nach Entfernung der romanischen Gewölbe erhöht.
1803 Säkularisation. Im Kloster wird nach der Auflösung der Mönchsgemeinschaft eine Irrenanstalt eingerichtet.
**1809** Schließung der Kirche. Danach Verwendung als Heu- und Strohmagazin. Später wird für die Kranken eine Kegelbahn gebaut. Die großen Fenster des südlichen Seitenschiffs werden zugemauert. Auch eine Seilerwerkstatt richtet sich vorübergehend in der Kirche ein.
1822 Abbruch des nördlichen Seitenschiffs.
1844 wird die Kirche an die evangelische Gemeinde zurückgegeben. Der Verfall des Gebäudes schreitet fort. Man erwägt den Verkauf zum Abbruch.
**1855/57** grundlegende Renovierung und damit Rettung der Kirche unter Conrad Wilhelm Hase, Wiederaufbau des nördlichen Seitenschiffs. Aus der ehemaligen Martinikirche werden das bronzene Taufbecken (s. S. 68) und der Marienaltar (s. S. 30) übernommen.
1864 u. 1893 wird die Krypta von der katholischen Magdalenengemeinde, der sie auch jetzt noch gehört, instandgesetzt und das Grab Bernwards freigelegt.
**1907/10** Renovierung der Kirche unter Leitung von Professor Karl Mohrmann. Wiederaufbau des südlichen Westquerhaus-Armes, Entfernung des Gewölbes im Nordarm des westlichen Querhauses.
1941 Zum Schutze gegen Kriegseinwirkung wird die nördliche Chorschranke ummauert.
1943 wird das Deckenbild von Restaurator Joseph Bohland abgenommen und an sicherem Ort geborgen.
1945 Bei Fliegerangriffen am 22. Februar und 22. März wird die Kirche und mit ihr das Kloster bis auf den Westflügel des Kreuzgangs durch Sprengbomben zerstört. Blindgänger in der Bernwardsgruft an der Stelle des geborgenen Sarkophages.
1945 Aufräumungsarbeiten und Beginn des Wiederaufbaues.
1947 Eindeckung des Langhauses.
**1950** 20. August, Wiedereinweihung von Langhaus und westlichem Querhaus durch Landesbischof Lilje, Kirche noch gewestet.
**1960** 26. Juni. Große Wiedereinweihungsfeier mit Landesbischof Lilje nach völliger Wiederherstellung des Bernwardsbaues. Das gerettete und restaurierte Deckenbild ist wieder eingebaut, und die Kirche ist wieder geostet. Man gedenkt zugleich des vor 1000 Jahren geborenen Bischofs Bernward, des Gründers der Kirche.

*Der durch Bomben zerstörte Bernwardsbau, 1945.*

Blick auf die nach der Konzeption Bernwards wiederhergestellte MICHAELISKIRCHE VON SÜDOSTEN.

DIE OSTPARTIE DER KIRCHE VON SÜDOSTEN. Hauptapsis und Nebenkonchen wurden nach Fundamentbefunden und alten Modellen der Kirche rekonstruiert.

DAS ÖSTLICHE QUERHAUS VON SÜDWESTEN. An der Wand des südlichen Seitenschiffs zwischen den großen Fenstern des 15. Jahrhunderts Teile der bernwardinischen Wandgliederung. Querhaus und Treppenturm weisen das charakteristische Mauerwerk des Bernwardsbaues auf: sorgfältig mit sehr knappen Fugen gesetzte Sandsteinquader unterschiedlicher Größe in unregelmäßigem Verband. Die Oberfläche der Quader ist mit dem Beil bearbeitet.

BLICK DURCH EINE ARKADE DES KREUZGANGES auf die Nordseite der Kirche und das östliche Querhaus.

WESTFLÜGEL DES KREUZGANGS, vom Portal im westlichen Querhaus her gesehen. Das 996 gegründete Kloster hatte schon einen Kreuzgang mit einer Kreuzkapelle, der zu Bernwards Zeiten noch eine Martinskapelle folgte. Um 1250 wurde dieser Kreuzgang in den reicheren Formen des Übergangsstils erneuert. Nach wechselvollen Schicksalen blieb von der schönen Anlage nur der Westflügel erhalten. An ihm lag der Kapitelsaal, heute, nach dem Wiederaufbau der an den Kreuzgang anschließenden Gebäude (Predigerseminar), als Kapelle eingerichtet. Das Portal, das in den Saal führte, ist noch erhalten. Seine Stelle in der Westwand des Kreuzgangs ist durch eine beziehungsreiche Gestaltung des Gewölbes über dem Platz davor gekennzeichnet.

Oben: TEIL DER GEWÖLBE DES KREUZGANGS im Bereich vor dem Eingang zum Kapitelsaal. Während die Gewölbe in den übrigen Jochen nur einfache Grate aufweisen, werden die Kappen hier von fast vollrunden Rippen getragen, und der Schlußstein hängt aus dem Schnittpunkt der Rippen tropfenförmig herab. Der eigentliche Schlußstein hat die Gestalt eines Würfels. Die konkav gebildeten Flächen enthalten Reliefs der Evangelistensymbole, die dem Betrachter zugewandte untere Seite zeigt das Bild des thronenden, richtenden Christus. Vom Schlußstein zu den Rippen vermitteln in anbetender Haltung vier Engel, deren Köpfe in die Gewölbekappen hineinragen. Das Gerichtsbild ermahnt den in den Kapitelsaal Eintretenden. – An der Gegenüberstellung der Bilder wird deutlich, wie stark die kunstvolle Plastik durch Verwitterung und andere Beeinträchtigungen in den letzten Jahrzehnten gelitten hat. Das linke Bild dürfte um 1900 entstanden sein.
Die unteren Bilder zeigen TEILE VON ALLEGORISCHEN DARSTELLUNGEN, die sich im letzten Joch des Kreuzgangs finden: Anspielungen auf die Macht des Bösen, die auch den Starken bedroht.

BLICK AUF DEN WESTCHOR mit westlichem Querhaus, Vierungsturm und Treppentürmen nach der Wiederherstellung der bernwardinischen Konzeption. Der 1662 niedergelegte Teil des Querhauses war schon 1907/10 – allerdings ohne Vierungsturm – von Mohrmann stilgerecht wiederaufgebaut worden. Am Kryptenumgang Stützpfeiler und Fenster aus bernwardinischer Zeit. Der Eingang zur Krypta ist erneuert worden. Im hohen Mittelalter befand sich über dem Portal ein kleiner, mit einem Satteldach überdeckter Erker, der vom Dachraum aus zugänglich war. Er dürfte mit dem Michaelsaltar, der im Dachraum über dem Kryptenumgang, im Scheitel des Westchors, steht, durch einen Gang verbunden gewesen sein, der um das Chorrund herumführte und über zwei Treppen vom Westchor aus erreicht werden konnte. An diesem Gang war im Süden die sogenannte Bernwardswerkstatt und an der Nordseite eine Sakristei.

FENSTER DES WESTCHORES mit reicher spätromanischer Gewändegliederung und einem Kranzgesims, das als Rundbogenfries von Ecksäulen getragen wird. Der außen polygonale, innen runde Chorabschluß mit großen Fensteröffnungen wurde bei einem Umbau des Chores um 1240 geschaffen. Unter dem Mittelfenster mit dem besonders plastisch geformten Gewände steht im Dachraum der Altar des hl. Michael, ursprünglich wohl durch eine Öffnung in der Wand mit dem Chorraum verbunden.
In den Fenstern sind Glasmalereien von Charles Crodel mit Darstellungen biblischer Engelsszenen. Im Mittelfenster St. Michael und die himmlischen Heerscharen.

BLICK IN DIE KRYPTA, die Bernward als Grablege für sich plante, mit seinem Sarkophag vor dem Marienaltar. Ursprünglich war in der Wand hinter dem Altar eine Öffnung, durch die man das Kirchenschiff und den Kreuzaltar mit dem Reliquienkreuz sehen konnte.
Die im Westen halbrund schließende Krypta ist dreischiffig und mit einfachen Gratgewölben überdeckt, die auf acht mächtigen Rundpfeilern ruhen. Die Wand, welche die Krypta umschließt, ist mit Bögen zum tonnengewölbten Umgang hin geöffnet, der von kleinen Fenstern in tiefen Leibungen her gedämpftes Licht erhält. An den Wänden des Umganges finden sich Reste ornamentaler Malerei aus Bernwards Zeit. An den beiden Ostenden des Umganges sind Türen, heute vermauert, die den Zugang von der Krypta zum westlichen Querhaus und umgekehrt den Weg vom Kirchenschiff in die Krypta und zum Grabe Bernwards ermöglichten.
Nach der Reformation, 1543, blieb den Mönchen nur die Krypta für ihre Gottesdienste. Damals wurden die Türen zum Querhaus zugemauert. Auch heute noch gehört die Krypta einer katholischen Gemeinde, während die übrigen Teile der Kirche der evangelischen Michaelisgemeinde als Pfarrkirche dienen.

Der aus einem Block von rotem Sandstein ausgehauene, heute freistehende SARKOPHAG BERNWARDS, der nach seinen Vorstellungen von Tod und Auferstehung gestaltet und vielleicht sogar weithin von ihm selbst geschaffen wurde, stand zunächst in einer Gruft, die mit der noch erhaltenen, jetzt an der vermauerten Südtür des Umganges aufgestellten Grabplatte geschlossen war. Zwei Jahre nach der Heiligsprechung Bernwards, im Jahre 1194, wurde der Sarkophag zur Erhebung der Gebeine des Bischofs aus der Gruft gehoben und geöffnet. Danach stellte man ihn mit einem Teil der nun als Reliquie verehrten Gebeine (die übrigen barg man in einem kostbaren Schrein) und einem Teil seines Bischofsstabes wieder in die Sargkammer und schloß sie in herkömmlicher Weise mit der vorhandenen Platte. So blieb die Gruft bis ins 14. Jahrhundert hinein. Dann legte man auf die bernwardinische Platte eine weitere, die in hohem Relief die idealisierte Gestalt Bernwards trug (heute an der vermauerten Nordtür des Umganges stehend).

DETAIL DES SARKOPHAG-SATTELDACHS

Seite 44 oben: DER SARG selbst ist schmucklos. An seinem Kopfende, nur zu sehen, wenn der Deckel abgehoben wird, ist auf dem Rande die lateinische Inschrift BERNWARDUS EPISCOPUS SERVUS SERVORUM CHRISTI, deutsch: Bischof Bernward Diener der Diener Christi.

Seite 44 unten: Auf den Flächen des wie ein Satteldach geformten Deckels reihen sich in vertieft-erhabenem Relief zwischen stilisierten Flammen vier und fünf Brustbilder von geflügelten und nimbierten Engeln, welche die neun Engelschöre darstellen, mit denen Bernward die Vorstellung von dem Himmlischen Reich verband, in dem er sich ein ewiges Leben ersehnte. Die Engelfriese sind eingerahmt von einem Spruchband, das in lateinischer Sprache die Verse 25 bis 27 aus HIOB 19 wiedergibt, hier in Übersetzung: „Ich weiß, daß mein Erlöser lebt. Und am Jüngsten Tage werde ich von der Erde auferstehen und werde wieder umgeben werden von meiner Haut, und in meinem Fleisch werde ich Gott, meinen Heiland, sehen. Ihn werde ich selbst sehen, und meine Augen werden ihn erblicken, ich und kein anderer. Diese Hoffnung ruht in meiner Brust." An den Dreiecksgiebeln des Deckels sind das Gotteslamm mit sieben Flammen und ein Kreuz dargestellt.

Seite 45: Die Gruft war mit der schon erwähnten GRABPLATTE verschlossen. Auf ihr ist in vertieft-erhabenem Relief, das sehr viel feiner gestaltet ist als das der Engelsfriese, ein Stabkreuz dargestellt, welches in einem Baumstamm mit sieben Asttrieben steckt. Das Kreuz hat an seinen Enden Medaillons mit den Evangelistensymbolen und in der Mitte ein Medaillon mit dem Lamm Gottes. Die am Rande abgeschrägte, also früher ein wenig aus dem Boden herausragende Platte ist mit einem Flechtband gerahmt, in das die Medaillons der Kreuzarme einbezogen sind.
Bernward wendet sich mit der Inschrift, die oben über dem Kreuz beginnt und unten zu beiden Seiten des Kreuzfußes fortgesetzt ist, an die Besucher seines Grabes, allerdings nur an diejenigen, die Latein verstanden – damals fast nur die Geistlichen –, denn der versmäßig gehaltene Text ist lateinisch. Er lautet übersetzt: Teil eines Menschen war ich, Bernward. / Jetzt werde ich bedrückt von diesem schrecklichen Sarg – nur noch wertloser Staub. / Wehe. Das hohe Amt habe ich nicht gut verwaltet. / Der Seele werde frommer Friede. Und singt mir das Amen.

Blick vom erhöhten Westchor in das LANGHAUS und in den OSTCHOR. An den hohen Bögen, welche die einzelnen Raumteile voneinander scheiden, der charakteristische, mit Farben markierte Wechsel weißer und roter Quader, der auch außen als Schmuckmotiv an Fenstern und Wandgliederungen vorkommt, dort mit entsprechenden Natursteinen.

Blick von Süden in den als Taufkapelle eingerichteten NORDARM DES ÖSTLICHEN QUERHAUSES mit dem für alle vier Querhausarme typischen Aufbau von Kapellen in drei Stockwerken, die sich mit zwei, vier und 6 Arkaden zur Vierung öffnen. Die insgesamt acht – vier mal zwei – Kapellen der beiden Obergeschosse sind als acht Engelschöre konzipiert. Die Michaelskapelle, als neunter Engelschor, erhielt den bereits beschriebenen Sonderplatz im Dach über dem Kryptenumgang. Im Vordergrund der Altar in der Ostvierung. Die Fenster der Hauptapsis – eines davon rechts zu sehen – und der beiden Nebenkonchen wurden von Gerhard Hausmann, Hamburg, mit einem Zyklus von Glasmalereien in Dalle-Glas geschmückt, die sich dem ottonischen Raum mit einer guten künstlerischen Aussage unserer Zeit einfügen (s. auch Farbbild auf der Rückseite des Einbandes).

Blick in den SÜDARM DES ÖSTLICHEN QUERHAUSES

DIE ERHALTEN GEBLIEBENEN BERNWARDINISCHEN SÄULEN in den Nordarkaden des Mittelschiffs. Im Hintergrund eine weitere Säule zwischen Seitenschiff und Querhaus. Charakteristisch ist an den Säulen das von Bernward entwickelte Würfelkapitell mit Kämpferblock und Kämpferplatte. Dieses Kapitell besteht aus rotem Sandstein, die weit ausladende, sehr feingliedrig profilierte Kämpferplatte ebenfalls aus rotem Sandstein und der Kämpferblock zwischen Kapitell und Kämpferplatte aus grauem Sandstein. Wahrscheinlich wurden die Reliquien, die Bernward zur Heiligung des Hauses in die Säulen gab, in die Kämpferblöcke eingebettet, denn diese tragen die Namen von Heiligen auf den jeweils dem Mittelschiff zugewandten Seiten.

BLICK VOM NÖRDLICHEN SEITENSCHIFF NACH SÜDOSTEN durch die Arkade mit den beiden Bernwardssäulen. Die Gliederung der Säule mit steiler attischer Basis, ohne Ecksporne, aus rotem Sandstein, Schaft aus grauem Sandstein, Würfelkapitell, Kämpferblock und Kämpferplatte bestimmt nach Maßen, Form und Farbgebung die Wirkung des bernwardinischen Stützenwechsels mit zwei Säulen zwischen Pfeilern, deren Gliederung auf Basis und Kämpferplatte beschränkt ist, aber den Farbwechsel wiederholt.

Ein festes Gestühl gab es zu Bernwards Zeiten natürlich nicht. Die an allen Seiten freien Arkaden waren damit für die architektonische Wirkung des Mittelschiffs noch wichtiger als heute.

DIE ERSTE SÄULE VON WESTEN IN DEN NORDARKADEN, deren Kapitell an anderer Stelle (S. 66) eingehend besprochen ist. An dieser Säule wird deutlich, wie sehr sich die um 1180 erneuerten Stützen von den Säulen Bernwards unterscheiden. Der Kämpferblock zwischen Kapitell und Kämpferplatte fehlt. Deshalb konnte der Schaft höher werden, und er wirkt damit schlanker als der bernwardinische. Die Basis mit dickem Wulst lädt breiter aus und hat Ecksporne, die sich von der Sockelplatte an den Wulst anschmiegen. Das Kapitell geht zwar von der Grundform des Würfels aus, aber es ist mehr oder weniger stark von Schmuckelementen überzogen oder aufgebrochen. Im Südarm des westlichen Querhauses wurde 1958 eine von der Göttinger Werkstatt Paul Ott gebaute Schleifladen-Orgel aufgestellt.

BLICK VON SÜDEN ÜBER DEN VORCHOR IN DER WESTVIERUNG AUF DIE NÖRDLICHE CHORSCHRANKE der Zeit nach 1192 und die bernwardinischen ENGELSCHÖRE im Nordarm des Querhauses. Gegenüber der monumentalen Strenge der bernwardinischen Raumordnung wirkt die romanische Chorschranke sehr zart und feingliedrig.

INNENSEITE DER CHORSCHRANKE. (Text s. S. 22)

Teile des Frieses unter den Arkaden mit skurrilen FABELWESEN, die einen großen Reichtum an Fantasie offenbaren. Der Fries befand sich über den Köpfen der im Chorgestühl sitzenden Mönche und wird seine erheiternde Wirkung sicher nicht verfehlt haben.

Ein Ausschnitt der ARKADEN VON DER INNENSEITE der Chorschranke mit Kompositionselementen, die in dieser Art und Fülle wohl nur bei der Stuckplastik möglich sind.

AUSSENSEITE DER CHORSCHRANKE. Die drei vermauerten Bögen in der unteren Zone waren früher zu der nach 1194 in die Westvierung hinein verlängerten Krypta geöffnet. Über den Bögen ist die Schrankenwand durch sieben Blendarkaden gegliedert, in denen große Figuren von Heiligen stehen. Sie halten Spruchbänder, deren heute nicht mehr lesbare Texte von früheren Aufzeichnungen bekannt sind.

Die figürlichen Darstellungen der Schranke sind von hoher künstlerischer Qualität; sie sind ein wenig älter als die Plastiken der ebenfalls stuckierten Schranke von Halberstadt, die vermutlich von denselben Bildhauern geschaffen wurden.

Schrägblick auf die AUSSENSEITE DER SCHRANKE von Nordwesten. An diesem Bilde wird das starke Hervortreten der Figuren aus der Arkadenwand deutlich. Einzelne Figuren wirken fast vollrund. Während die meisten Gestalten ziemlich frontal stehen, fällt bei Petrus und Johannes stärkere Bewegung mit einem Schreitmotiv auf, wie es ähnlich bei den Propheten des Deckenbildes begegnet. Der Vergleich von Schranke und Deckenbild läßt überhaupt mancherlei Verwandtes erkennen.

Von der südlichen Schranke und von dem zum Langhaus hin abschließenden Lettner, der schon 1566 abgebrochen wurde, bewahrt das Hildesheimer Museum einige Bruchstücke auf. Die Fragmente figürlicher Szenen dürften Teile des Lettners gewesen sein.

MARIA MIT PETRUS – links – UND PAULUS von der Außenseite der Schranke. Beachtenswert ist das Motiv des auf dem rechten Arm der Mutter sitzenden und mit dem linken Händchen ihr Kinn streichelnden Jesusknaben. Maria trägt das Haar in Zöpfen. Die Technik des Stukkierens erlaubt eine subtile, weiche Durchbildung der Details von Gewändern, Köpfen, Architekturmotiven und Friesen. Man wird sich vorstellen dürfen, daß auch diese Außenseite der Schranke ursprünglich farbig gefaßt war.

An den SÜDLICHEN ARKADEN, von denen hier ein Teil zu sehen ist, blieben bei der Zerstörung im Jahre 1945, welche die vollständige Erneuerung von drei Kapitellen erforderlich machte (einstweilen nur Bossen), noch Reste der Ausschmückung mit Stukkaturen in den Bögen und in den Wandzwickeln zwischen den Bögen und der Seitenschiffdecke erhalten. Die aus größerem Schmuckzusammenhang übriggebliebenen weiblichen Figuren führten nach den Texten ihrer Spruchbänder, welche überliefert sind, die Seligpreisungen vor.
Die Ausschmückung der Arkaden, die der Auswechslung der Säulen folgte, mag schon zu den Unternehmen gehören, die Abt Theoderich II. zur Neugestaltung der Kirche vor und nach der Heiligsprechung Bernwards im Jahre 1192 plante.

LINKS EINE DER SELIGPREISUNGEN, eine Krone tragend, RECHTS EIN TEIL VON EINEM DER stukkierten und farbig gefaßten BOGENBÄNDER.

Teil einer SÜDARKADE MIT EINEM DER REICH VERZIERTEN KAPITELLE mit Palmetten und Köpfchen. Die Kapitelle wurden von Bildhauern geschaffen, die schon vorher in der Hildesheimer Godehardikirche tätig waren.

KAPITELL VON 1180 mit feingliedrigen Ranken- und Blattmotiven.

ZWEI SÄULEN DER SÜDLICHEN ARKADEN mit Bogenbändern, die vielfältige Variationen von Rankenmotiven, umrahmt von rot-weißen Quaderbändern, erkennen lassen. Bei der linken Säule das Palmetten-Ringband-Kapitell in typischer Ausprägung, das in ähnlicher Form in mehreren Kirchen Niedersachsens und Westfalens vorkommt und offenbar auf Hildesheimer Vorbilder zurückgeht.

EIN KAPITELL mit besonders üppig vorquellenden PALMETTEN und einem schönen TIERFRIES am Kämpfer, wie er an keinem anderen Kapitell vorkommt.

DAS VIELGLIEDRIGE BLATT-PALMETTEN-GEFÜGE DIESES KAPITELLS läßt die große Variationsbreite des Motivs und den Fantasiereichtum der Bildhauer erkennen. In dem Blattgefüge verstecken sich die Evangelistensymbole. Auf dem Kämpfer befindet sich ein Fries mit Tiermasken, aus deren Mäulern Blattgebilde quellen. Der Kapitellring besteht hier aus zwei Wülsten mit einem Tau dazwischen. Auch diese Ringe weisen große Unterschiede auf, von sehr einfachen Wulstringen bis hin zu Blattfriesen, die auf die Wülste gelegt erscheinen. An den Säulen arbeiteten gewiß mehrere, durch Alter und Temperament verschiedene Bildhauer.

Links oben und unten: KAPITELL DER ERSTEN SÄULE IN DEN NÖRDLICHEN ARKADEN (von Westen gerechnet, s. auch S. 51). An den vier Ecken kräftig vorspringende Akanthusblätter, auf denen Engel ein wenig unbeholfen knien und Medaillons mit Darstellungen der Erschaffung Evas, Johannes des Täufers, des Gotteslammes und des im Gericht thronenden Christus halten. Aus dem Kapitellring ragen kleine „Porträt-Büsten" auf, die vielleicht Bischof Adelog und Abt Theoderich II. darstellen. Eine der Büsten legt sogar die Vermutung nahe, daß hier der Bildhauer ein Selbstbildnis gewagt haben könnte. – Rechts oben: KAPITELL MIT ZWEI REIHEN STARK VORSPRINGENDER AKANTHUSBLÄTTER und kunstvollen Palmetten darüber. Am Kämpfer wieder Tiermasken in einem Palmettenfries.

KAPITELL EINES DIENSTES, der nach 1190 als Teil einer Tragekonstruktion für die Einwölbung des Westquerhauses und des Chores an einem der bernwardinischen Eckpfeiler der Vierung angefügt wurde.

BRONZENES TAUFBECKEN im Nordarm des östlichen Querhauses, 1618 von Dietrich Mente in Hildesheim gegossen. Auf der Oberseite der Sockelplatte, die auf vier sitzenden Putten – Darstellungen der Paradiesesflüsse – ruht, die vier Evangelistensymbole. Am Schaft in zwei Reihen übereinander die zwölf Apostel. An der Beckenwandung und auf dem aufziehbaren Deckel biblische Szenen, die sich auf die Taufe beziehen. Als Krönung des Deckels Gottvater, der den toten Christus in den Armen hält (die Taube des Hl. Geistes fehlt). – Man spürt noch das Fortwirken der Tradition von Bronze-Taufen, die in Hildesheim mit dem Becken des frühen 13. Jahrhunderts im Dom eröffnet wurde und auch den Glockenguß einschloß.

SPÄTGOTISCHE, GESCHNITZTE KREUZIGUNGSGRUPPE über dem Altar in der Ostvierung (aus Assel bei Stade). – Leihgabe des Landesmuseums Hannover.

PIETA, spätgotische Schnitzerei in der sogenannten Oberen Sakristei.

Teil eines geschnitzten barocken CHORGESTÜHLS im Westchor.

EPITAPH DER FAMILIE VON BOTHMER aus der 1. Hälfte des 17. Jahrhunderts im Nordarm des westlichen Querhauses an der Wand über dem Gang vom Westchor zum Predigerseminar. Die Familie kniet vor einer Renaissance-Architektur, in der sich Reliefs mit Darstellungen aus der Leidensgeschichte Christi neben allegorischen Figuren finden.

DAS UNTERSTE VIERTEL DES im Westen des Langhauses beginnenden DECKENBILDES aus der Zeit um 1200 mit den ersten beiden Hauptfeldern „SÜNDENFALL" und „JESSE". In den Seitenfeldern schließen sich Darstellungen der Evangelisten Markus und Lukas und darüber der Paradiesesflüsse an. Es folgen nach oben hin Prophetenbilder in Rechteckfeldern; außen Bilder der Vorfahren Christi in Medaillons.

Das bei der umfangreichen Ausschmückung der Kirche nach der Heiligsprechung Bernwards im Jahre 1192 an der Decke über dem Mittelschiff der Klosterkirche gemalte DECKENGEMÄLDE. Länge 27,6 m = 84 Fuß, Breite 8,7 m = 27 Fuß, Gesamtfläche ungefähr 240 qm. Die erneuerten Teile sind abgedeckt.
In den acht quadratischen Hauptfeldern von unten (Westen) nach oben (Osten) übereinander: „Sündenfall im Paradies", „Der schlafende Jesse mit dem von seinem Lager aufwachsenden Baum", die thronenden Könige „David", „Salomo", „Hiskia" und „Josia", „Maria" und „Christus". In den quadratischen und rechteckigen Feldern neben den Hauptbildern: Paradiesesflüsse, Evangelisten und Evangelistensymbole, die vier Erzengel und Propheten mit Hinweisen auf den Messias. In den von Ranken eingefaßten Medaillons der äußeren Rahmen: Brustbilder der Vorfahren Christi, wie sie von den Evangelisten berichtet werden. Gegen die Wände des Obergadens vermittelt auf beiden Seiten ein Wellenband.
Das Gemälde wurde von Mönchen in der Werkstatt des Michaelisklosters nach einer Vorlage in der Art einer Miniatur geschaffen. Nach heutiger Kenntnis der Arbeitsweise der Maler dieser Zeit wird man annehmen dürfen, daß für die Herstellung des Deckengemäldes kaum mehr als vier Jahre benötigt wurden. Die Bilder sind an der Decke auf Eichenbretter gemalt, die in ein Rahmenwerk eingeschoben worden waren und danach als abgeschlossene Flächen mit Kreide grundiert wurden. An vielen Stellen ist eine Vorzeichnung mit roter Farbe erkennbar, mit der die Umrisse der Darstellungen, aber auch Details der Binnenzeichnung, z. B. der Gesichter, nach der Vorlage festgelegt wurden.
Das Deckengemälde von St. Michaelis ist neben dem wenig älteren, in ganz anderer Weise hergestellten Deckenbild der St.-Martins-Kirche in Zillis (Graubünden) das einzige monumentale Tafelgemälde des hohen Mittelalters, das bis in unsere Zeit erhalten geblieben ist. Es überdauerte auch die Zerstörung des Bauwerks im Zweiten Weltkrieg nur deshalb, weil seine wesentlichen Teile rechtzeitig geborgen werden konnten. Vor dem Wiedereinbau im Jahre 1960 sind alle Teile der Malerei sorgfältig gereinigt und restauriert worden. Dabei wurden sie von entstellenden Übermalungen aus verschiedenen Zeiten befreit. Durch die Restaurierung ist die ursprüngliche Farbigkeit mit leuchtendem Lapislazuliblau und strahlendem Zinnoberrot weithin wiedergewonnen worden.

PERSONIFIZIERTE DARSTELLUNG EINES PARADIESESFLUSSES links oben neben dem Hauptfeld des Sündenfalls im Paradies (s. S. 73).

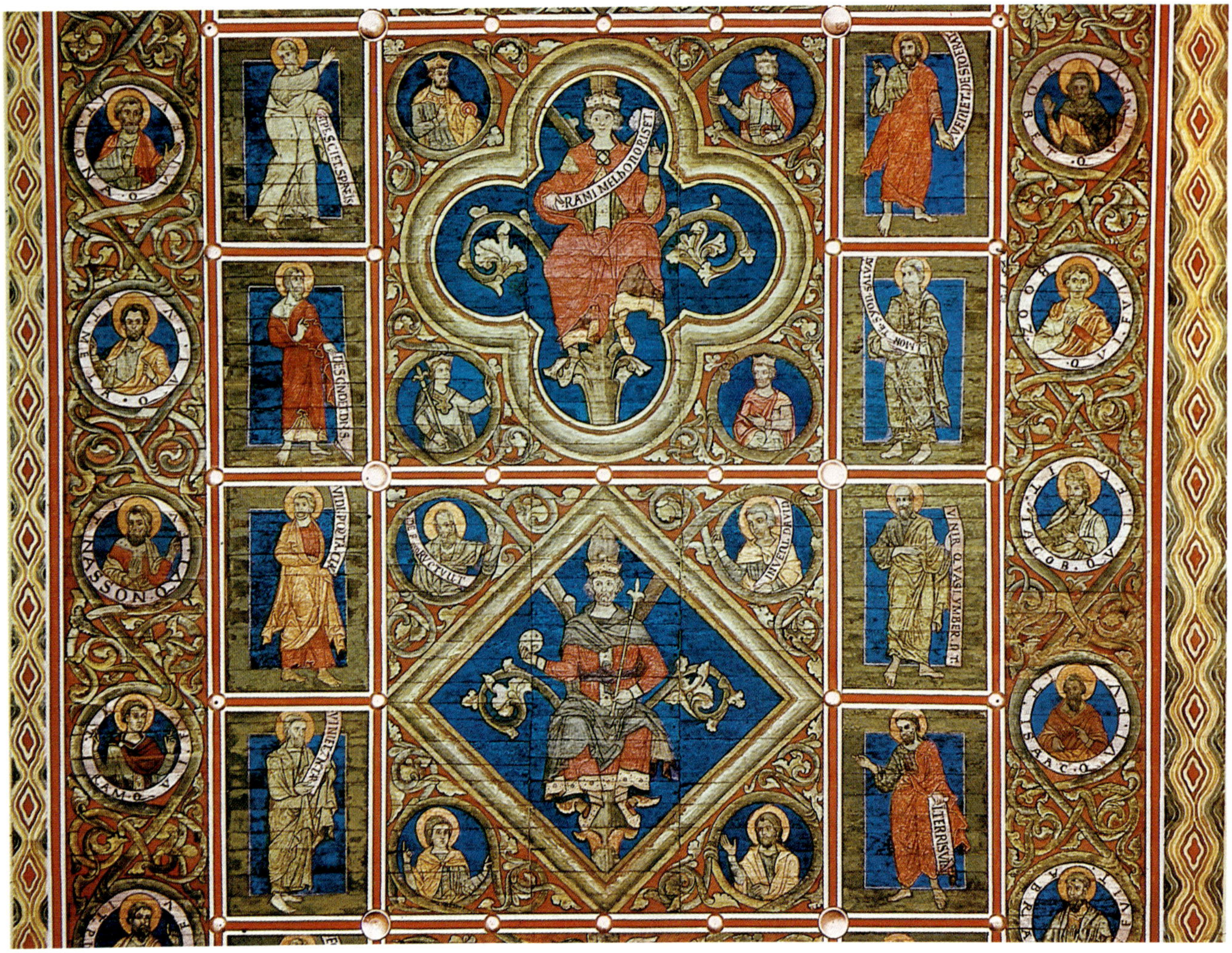

Zweites Viertel des Deckenbildes mit den Königen DAVID und SALOMO in den Hauptfeldern; David umgeben von Psalmsängern; Salomo umgeben von Königen. In den rechteckigen Seitenfeldern Propheten und in den äußeren Medaillons Vorfahren Christi.

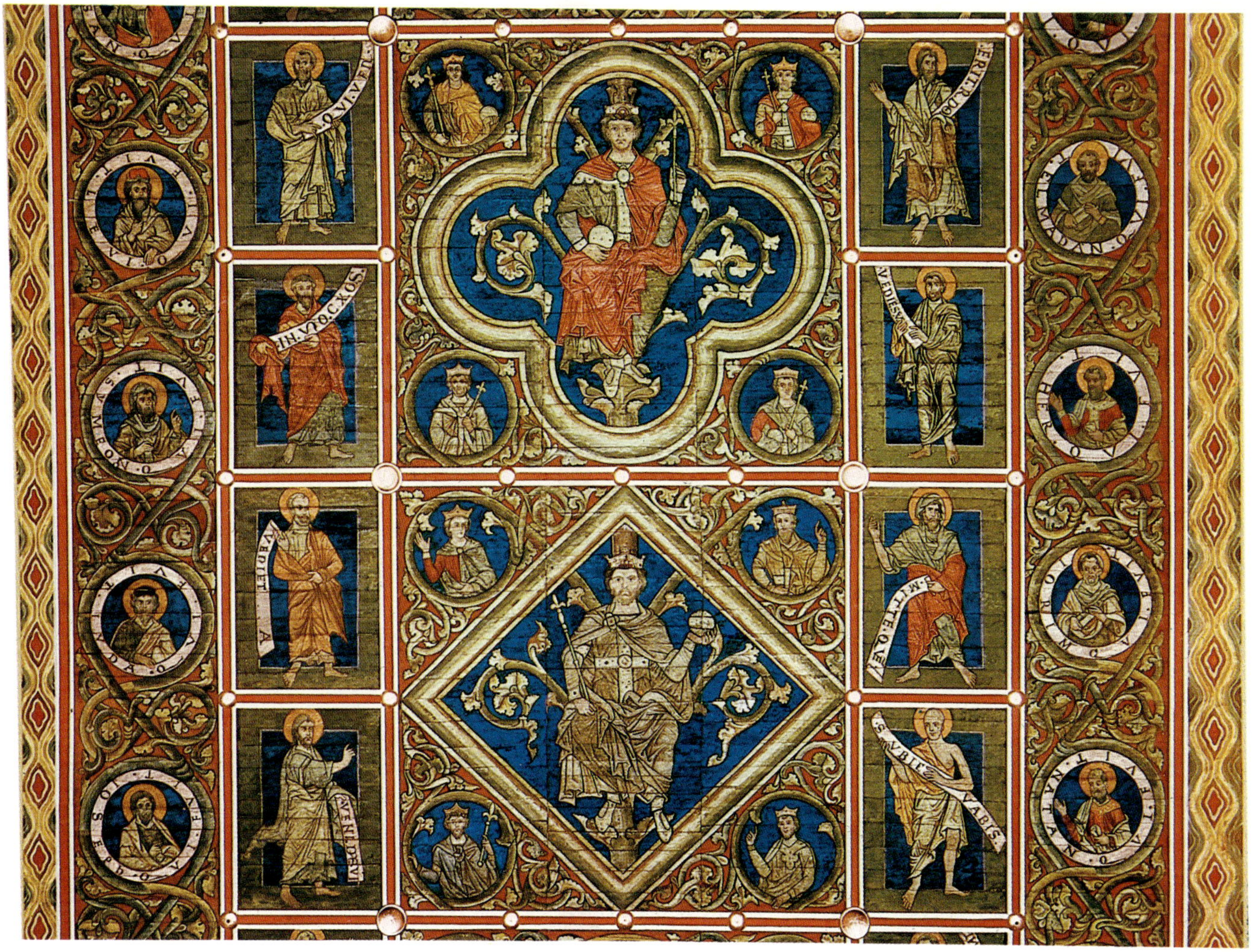

Drittes Viertel des Deckenbildes mit den Darstellungen der Könige HISKIA und JOSIA in den Hauptfeldern, umgeben von weiteren Königen. Propheten und Vorfahren Christi in den Seitenfeldern.

SEGNENDER CHRISTUS im Lebensbaum neben Adam im Sündenfall-Bild des Deckengemäldes (s. S. 73).

LEBENSBAUM DES PARADIESES neben Eva im Sündenfall-Bild des Deckengemäldes. Mit den fünf Köpfen in den Blatthülsen soll dieser Baum das Paradies der Seligen verbildlichen (s. S. 73).

Letztes Viertel des Deckenbildes mit MARIA und dem im Gipfel des Jessebaumes thronenden CHRISTUS. Oben in den Ecken die Symbole der Evangelisten Matthäus und Johannes, daneben die Erzengel Raphael und Uriel; unter diesen die Bilder der Evangelisten Matthäus und Johannes, darunter die Erzengel Gabriel und Michael. Das Christusbild und ein großer Teil der angrenzenden Darstellungen (vgl. S. 74) sind 1959/60 entstanden. Dabei wurden weitgehend die aus der Barockzeit stammenden Wiederholungen der damals zerstörten Originale als Vorlagen benutzt.

In den Ecken des Hauptfeldes mit Maria Rundbilder mit den personifizierten Darstellungen der Kardinaltugenden Mäßigkeit, Tapferkeit, Gerechtigkeit und Klugheit. In den Prophetenreihen neben dem Marienbild links unten Aaron und rechts unten der Verkündigungsengel.

Kopf des Königs JOSIA aus dem sechsten Hauptfeld des Deckenbildes (s. S. 77).

DAS JESSEBILD im zweiten Hauptfeld des Deckenbildes. Aus dem Lager Jesses steigt der Baum auf, in dessen Zweigen die Könige David, Salomo, Hiskia und Josia, Maria und Christus thronen (s. S. 73).

KÖNIG DAVID, auf den Zweigen des Jessebaumes thronend, umgeben von vier Bildern der Psalmendichter, im dritten Hauptfeld des Deckenbildes (s. S. 76).

PRUDENTIA, personifizierte Darstellung der Kardinaltugend Klugheit, mit Taube und Schlange. Im Marienbild-Feld unten rechts (s. S. 80).

VORFAHR JESU mit dem Namen EBER aus der Medaillonreihe des Deckenbildes, rechts neben dem Jessebild (s. S. 73).

DER EVANGELIST LUKAS, rechts unten neben dem Sündenfall-Bild (s. S. 73).

PROPHET BILEAM aus der Prophetenreihe, rechts unten neben dem Jessebild (s. S. 73).

ERZENGEL MICHAEL. Miniatur von monumentalem Charakter und lebhafter Farbigkeit in einem Sakramentar von 1159. Dieses liturgische Buch entstand neben anderen, nicht minder wertvollen in der Buchmalereiwerkstatt des Michaelisklosters, die schon von Bischof Bernward gegründet worden war und in der 1015 ein so großartiges Werk wie das „Kostbare Evangeliar" für den Mariendom in Hildesheim entstand. Schreiber und Maler des Sakramentars war der Mönch Ratmann. Das Buch befindet sich heute im Hildesheimer Domschatz.

*Grundriß nach dem Wiederaufbau 1960*

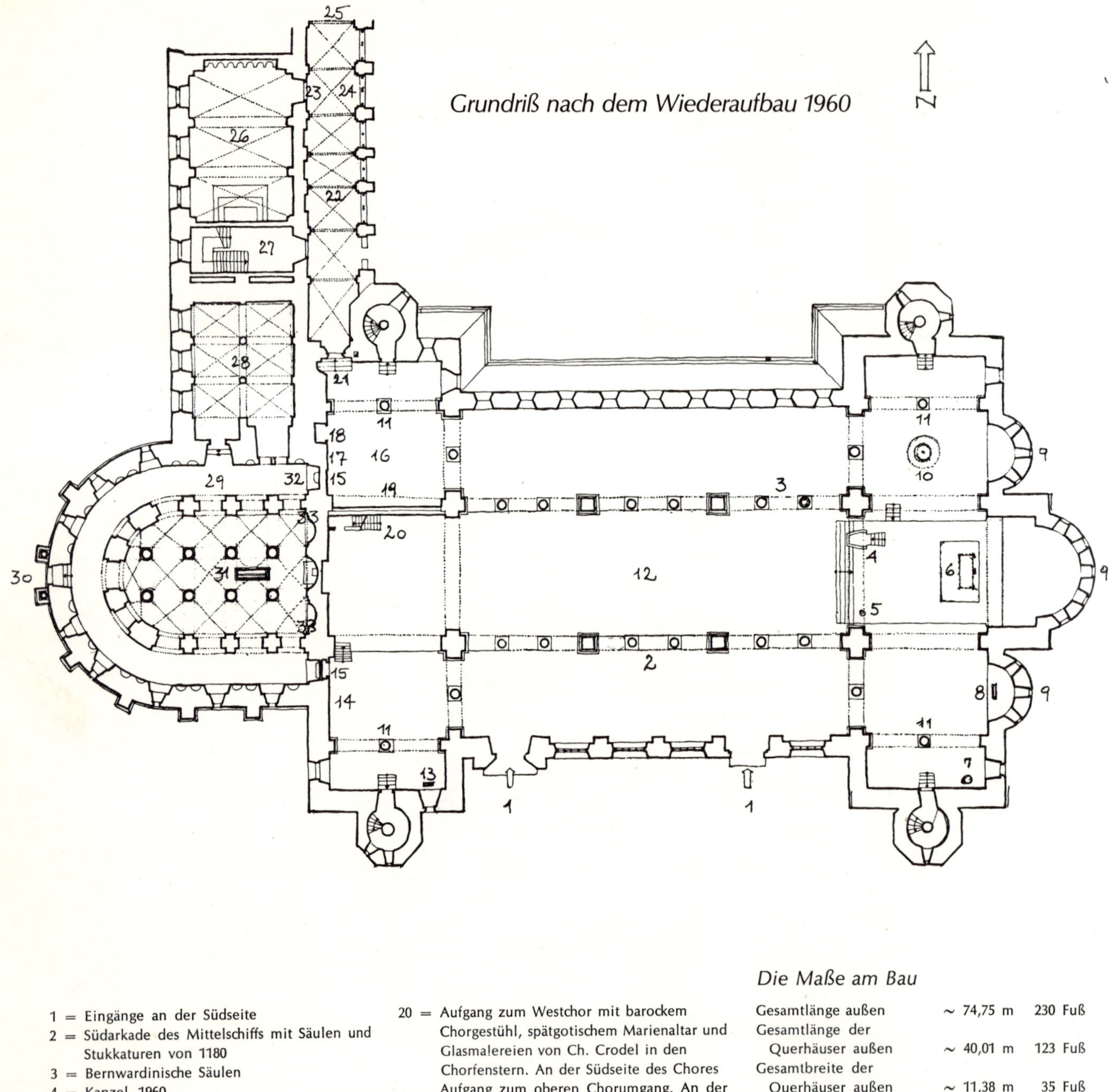

1 = Eingänge an der Südseite
2 = Südarkade des Mittelschiffs mit Säulen und Stukkaturen von 1180
3 = Bernwardinische Säulen
4 = Kanzel, 1960
5 = Lesepult
6 = Altar mit Kreuzigungsgruppe
7 = Bernward-Büste
8 = Inschrifttafel „VENITE CONCIVES . . .“
9 = Apsisfenster von G. Hausmann
10 = Taufbecken
11 = Engelsemporen
12 = Mittelschiff mit Deckenbild
13 = Grundstein von 1010
14 = Orgel
15 = Türen zwischen Kryptenumgang und Querhaus
16 = Sakristei mit gotischem Antependium
17 = Epitaph der Familie von Bothmer
18 = Übergang vom Predigerseminar zum Chor
19 = Nördliche Chorschranke
20 = Aufgang zum Westchor mit barockem Chorgestühl, spätgotischem Marienaltar und Glasmalereien von Ch. Crodel in den Chorfenstern. An der Südseite des Chores Aufgang zum oberen Chorumgang. An der Nordseite Aufgang zur oberen Sakristei.
21 = Portal zum Kreuzgang
22 = Westflügel des Kreuzgangs
23 = Portal zum ehemaligen Kapitelsaal
24 = Gewölbe mit Jüngstem Gericht
25 = Allegorien von Dämonenkämpfen
26 = Kapelle (ehem. Kapitelsaal)
27 = Treppenhaus zum Predigerseminar
28 = Sogenannte Obere Sakristei, hier Pieta
29 = Krypta mit Umgang
30 = Eingang zur Krypta von Westen
31 = Sarkophag Bernwards
32 = Platte mit der liegenden Gestalt Bernwards aus dem 14. Jahrhundert.
33 = Dienste von der Einwölbung des Westchores im späten 12. Jahrhundert an der Westseite der Vierungspfeiler.

## *Die Maße am Bau*

| | | |
|---|---|---|
| Gesamtlänge außen | ~ 74,75 m | 230 Fuß |
| Gesamtlänge der Querhäuser außen | ~ 40,01 m | 123 Fuß |
| Gesamtbreite der Querhäuser außen | ~ 11,38 m | 35 Fuß |
| Länge der Krypta, außen, ohne Säulen des Portals | ~ 18,36 m | 56½ Fuß |
| Breite der Krypta, außen, ohne Strebepfeiler | ~ 18,27 m | 56 Fuß |
| Länge des Westchores | ~ 14,98 m | 46 Fuß |
| Lichte Breite des Langhauses | 22,75 m | 70 Fuß |
| Länge des Mittelschiffs zwischen den Querhäusern | 27,34 m | 84 Fuß |
| Breite des Mittelschiffs zwischen den Arkaden | ~ 8,60 m | 26½ Fuß |
| Vierungsseite von Pfeilermitte zu Pfeilermitte | 9,75 m | 30 Fuß |
| Stärke des Mauerwerks | 1,63 m | 5 Fuß |
| Höhe des Mittelschiffs | ~ 16,70 m | 52 Fuß |
| Höhe der Seitenschiffe | ~ 8,40 m | 26 Fuß |

Werkmaß = Fußmaß = 0,325 m